AF192105

ETT BLEKARE OFFER ÅT GUDARNA VI SAKNAR

- ÅRSBOK FÖR NATTAKTIVA

Evelina Varas

© Evelina Varas 2019
Förlag: BoD – Books on Demand, Stockholm, Sverige
Tryck: BoD – Books on Demand,
Norderstedt, Tyskland
I samarbete med: Poesiwerken, Göteborg, Sverige
Omslag: Evelina Varas
Illustrationer: Levi Stromovic (min älskade
bortsprungna fru i natten)
ISBN: 9789174636505

Till B, allting, alltid

det första du sa: saknade dig redan

innan jag kände ditt ansikte

FÖRSOMMAR

den dova längtan

hos en ouppfylld önskan

smakar mer

än alla

lyckor

men den sura

stanken

från ett fullmättat öde

värmer bättre

genom natten

nu faller åter detta regn
och förser mig med en ursäkt
för att stanna

orkar inte resa,
vill bara
förbli
i dessa kvarter
tills jag lärt mig tala
handla grönsaker
av försäljarna

platser i staden
är stängda för mig
som överallt
dit man inte hör

för alla

åskan bryter ut
idag är ingen dag för utflykter
men för att koka kaffe

ska minnas fönstret som en vän,
rummet som en trygghet
staden som en grop

hjärtat är en tingest
vinet en börda
mitt ansikte
en liten cirkus

till slut kanske det finns någonting jag kommer ihåg,
om vilka vi var
för varandra

innan vi slutade vara det

har ett hål i min hjärna
jag långsamt fyller med
allt mod jag inte har kvar

när allt jag saknar
är insjöns dunkel
och drömmen man drömmer
just innan kroppen når
ytan

har ett hål i mitt hjärta
jag fyller med
nya dagars gamla synder

för att mota bort ledan
för att mota bort sorgen
fastän jag vet
att ledan
och sorgen
börjar när
jag inte vågar vara feg
inte orkar
ge upp
när jag inte låter bli

att förstöra
det enda

står mitt i
utan att springa ikapp
tiden
som gått härifrån
fastän jag vet
att stegen
är det enda
som hjälper
mot livet

vi skulle hålla oss i rörelse, för vår egen skull
för att märka ut stigarna
som leder tillbaka
från inget till inget
för att veta
att vi kom från samma håll

åter till samma tystnad

skriv om tiden som springer
om nätterna mellan husen
mellan gårdarna rinner
en livstid

skriv att september
alltid kommer igen
glöm alla skador
och spring med samma
böjda knän

skriv om lasten
som flöt i land
om kranarna
och bron som
står kvar

skriv hur det är
att leva i efterdyningarna
av sitt eget narrativ
skriv om du lärt dig
att somna

skriv att berättelsen
existerar i
det sista steget
mot kvällens himlar

när allt som når in är
rösterna genom
en springa, fönstret
fjorton år
utanför kiosken
mellan krukväxterna

skriv om själen som
faller mot
hamninloppet
den lär sig aldrig vara stilla
för den vill inte

skriv att du skulle minnas det som en lycklig tid

tillbringa tiden med att
slå hål på myten om effektivitet
livet är inte ett konstprojekt

solen sträcker sig över trottoarerna
redan tidigt på dagen, för att retas
då är det alltså sant att jag levt i andra städer
att jag bar jeansshorts även där
som jag inte gör nu

det gör ingen skillnad om mitt ansikte känns igen
eller inte
gräsmattorna lika hårda
likadana på vissa ställen
det är inte en metafor för något
jag pratar om gräs, om lera
inget mer inte mindre

livet är inte en landsväg kantad av olika sorters växtlighet
som leder ut ur barndomens skog

i bästa fall hittar vi tillbaka till ett ansikte vi sett förut
och vinkar lågmält till varandra
medan allt regn som någonsin funnits bara faller och faller,
men det här är fel tid
fel plats
fel regn

försommaren lika oproportionerlig som alltid
omättlig på det slitna sättet

jag vill att någon ska lyckas få mig att hålla käften,
en enda gång
det är inte heller en metafor
jag tror inte på metaforer för jag tror på Bodil Malmsten

varje dag vaknar jag med
en sorts förvåning
vilken jag försöker ikläda begriplighet
det är chocken som driver mig genom dörren
på cykel invid tillvarons förutsättningar
över bron, alltid transporteras över vatten
gårdagen är redan raderad
jag har glömt allting jag någonsin lärt mig
redan blivit någon annan
sedan före soluppgången

det finns timmar med innehåll
och det finns mellanrum,
tystnader där livet inte rör sig
människor arbetar, jag väntar på en djupare acceptans,
funderar på vad som
lett mig som offrets lamm
till ljust behandlat björkträ,
som jag hatar

staden är farlig

jag är någon som

umgås med gräsmattor

när jag spelade krocket fastän jag knappt minns det

otroligt full i svartvit klänning

föll jag rakt mot spårvagnshållplatsen,

det var såklart långt före

någonting verkligen hänt

när dagens timmar är avverkade

ser jag mig förvirrat i spegeln

letar efter svar, vilket som helst,

ledtråd, bara ett språng

jag har alltid sett in i speglar

för att lova saker jag inte kunnat hålla,

talat där

bara där har jag talat

gör inte så, gå inte dit, sedan gjort allting

det finns en naturlag

som säger

att jag måste sträva bortåt

in i vilka tysta landskap som helst

en plats bortom kartan

om jag bara kunde kalla det för en avgrund

det som öppnas i mig är inte vatten
det som öppnas i mig är inte stängt

ändå orkar jag inte nu, eller vill inte, det gör ingen skillnad,
vill inte längre imitera liv

det finns en enda gata i hela staden och resten ger jag fan i

stänga av telefonen och ströva långsamt invid växtligheten
bli precis så omfamnad av damm och jord
som jag är
ämnad att vara
klättra i träd inte för att påvisa frihet,
utan befästa bundenheten
vid urtida vanor

jag kommer från en skog där träden växer upp ur marken
granarna mot himlen
vilken himmel som helst
förändras inte bara för att jag
kedjar mig fast vid ljust
behandlat björkträ

det är ingen mening med att sova
när sömnen inte erbjuder
någon vila
då är det lugnare att hålla sig vaken

viger dagarna åt att inhalera dåtiden
genom samma kaffekopp, köpt i ett garage
nutiden kan vara vacker
i så fall tänker jag inte lita på den,
för jag misstror varje erbjudande
om själslig lisa

jag har vandrat genom alla städer
när våren luktar som dessa dagar
sammanfaller alla städer
i de få steg jag har kvar

kanske har det aldrig varit enklare
än att slå upp mitt fönster
och vänta

trottoarer, överallt, morgontrafik, överallt, musik, överallt,
ibland cigaretter, mina eller andra människors luftrör, kaffe
längs armarna, jag skrev samma sak för tio år sedan, det var
samma händer som skrev samma sak, vi skrev det bättre då

allt som finns är egentligen samma sak,
det, något mer jag inte vågar veta
skulle aldrig få för mig att låtsas att dagen är enkel,
eller kolsyra mot vaderna
jag gör dagen svår för sakens skull, för att svårigheten är det
enda modersmål jag kunnat hålla fast vid

bekvämligheten gör mig matt
vaknar och häver mig mot ytterdörren
med samma klistriga fantasifoster fasthäftade
vid pannloben

stryker ett enda streck av döljande matthet över ärret och
sedan är det inget mer med det,
mitt ansikte lovar ingenting,
jag låter det hållas

kan inte ens hålla ihop ett narrativ,
meningarna löper in och ut
genom mina fönsterspringor
önskar att umgås mer med krukväxter
men allt blir till slut
en fråga om tid

köper en lampa och låter den stå oanvänd
har bestämt mig för att låtsas att jag inte måste springa fort,
det var textens första metafor, jag ber om ursäkt
tills jag inte ber om ursäkt mer
kompenserar för emotionell stillhet genom att åter bli cyklist
för fem år sedan var jag aggressiv
min farkost ett regalskepp, rakt
genom morgontrafiken, falafel och frukt
nu uppmanar jag mig själv att använda fotbromsen,
som finns

tar den branta backen
men ilar medan gruskornen
rinner mot stänkskärmarna
det finns inte så mycket kvar att bevisa

jag tål inget längre, inte av något,
inte ens besvikelser
inte ens vin,
konstigt nog

här är ett knep för att förutspå livet:
föreställ dig hur du tror det ska bli
då blir det inte så,
det är inte sorgligt, det är inte fel,
det är normalt att ingenting är normalt

jag har läst böcker det lärde mig ingenting
jag har låtit bli att läsa dem det var ännu värre

är gärna negativ om det är ett modersmål,
men i övrigt har jag inget att tillägga
det var textens första lögn

jag håller aldrig tyst, förutom när du lägger dig över mig
och håller kvar tills jag stillnat in
då glömmer jag allt en stund,
kanske tre minuter

jag vill organisera om garderoberna och skaffa nya knän
inte ens nätterna berör mig längre, men det gör ingenting

upprätthåll fiktionen om mening
jag ska snart gå ut i försommaren
och då löper alla år samman
mindre sömn ger mer vaken tid
att vara trött på

vem ska uppröras över alla dessa privilegier
jag har tagit ledigt för att hinna bli rådvill en enda gång till
innan övertygelsen äter upp mig

varje dag pratar jag och pratar om samma sak,
men har kvar förmågan att vara ensam i alla rum,
det är en födslorätt

alltid äga känslan av att lögnen snart kommer avslöjas
hasplar repliker i en okontrollerbar massa
för att om möjligt hinna säga en enda sak innan döden,
någonting som når fram,
vad som helst,

till dig eller någon annan,
men vet inte om jag hinner

ljud genom ett öppet fönster,

av en annan stad

en välbekant ton av regn i luften

till alla städer har jag kommit som en människa,

utan att inse att berättelsen hela tiden rörde sig framåt,

att det är omöjligt att gå tillbaka

alla andra visste men inte jag, för min identitet är ett väder

jag inte kan förutse omslagen hos,

fastän jag försökt många gånger

jag vet hur man gör men det kräver för mycket

vågar bara prata med främlingar

eller sådana jag inte bryr mig om,

de närmaste människorna är farligast

och måste därför hållas på avstånd

jag begriper inte varför jag inte kan nyttja

mitt eget fönster som det här, men varje gång jag hade

chansen att stanna hemma åkte jag bort, och är jag borta

längtar jag hem,

efter samma regn men ännu djupare tystnad

ändå tycker jag om rösterna utanför

nu när de inte kan se mig

tills de börjar skrika

ungdomens löften innan någonting hänt
mopedmotorns trumvirvel fortplantad över åkrarna
den första dagen
på det sista lovet

torgen och stegen och mitt ansikte
allt det har fallit isär
därför står jag inte ut med tanken på att någon ska se mig
vara ny någonstans, återfödd i en scenografi
kommer fram och köper kläder, lägger på så vis bort
min identitet
transportens metamorfos

man kan inte veta på förhand vem man ska bli
när man kommer fram,
och sedan avgörs nästan allting av vädret
bara den man alltid varit menad att vara

människan är nästan ingenting annat än
en enda lång väderlek
min stad blev till en grop i flera dagar
jag ville inte lämna den,
jag lämnade den
bort från mitt fönster
avsade mig allt jag lovat
parken blev en fästning och benen bar mig
hela vägen över vattnet men inte tillbaka

sedan sömnen, kvav och tung
jag drogs mot kollektivtrafikens rutor
likt barnets kind mot moderns hand och mindes,
att jag brukade skriva för att stävja ledan

det är konstigt att jag inte ser äldre ut
om det är sant att varje natt har sitt pris

övertygelsen när man kliver ur tunnelbanans irrvägar
och träffas av ljuset, eller trafikens mummel,
eller ingenting alls
av vädret som leker med tiden

jag har verkligen kommit fram
till oerhört många städer
strategin har varit kläder och alkohol
man kan bli vem som helst, men det kostar
alltmer med tiden
nästan allt

jag är van vid vita lakan
ändå kliar mina ben
den här staden är en kuliss, eftersom ingenting har funnits
särskilt länge, restaurangerna är
nyöppnade och ömkliga, ängsliga i sin
imiterande praktik
det kan inte kallas restauranger

det är lokaler
som tar människoliv i förvar
lysrör och stora skyltar basunerar ut budskap
vilka gick ur tiden för decennier sedan
alltmer berusade röster

jag undrar vem som dricker, eftersom alla är troende
kanske är det jag
kan man kombinera två liv
jag minns inte vem jag var för två dagar sedan,
eftersom jag inte förstår hennes val

jag är en kvinna som kan stryka ansiktet mot en handduk
och bevara känslan i en halvtimme eller mer
eftersom ingen stryker hennes ansikte
med sina händer

i alla städer tvingade jag mig att vara bland människor,
till vilket pris som helst, hur kan det priset inte vara
för högt,
det var för högt,
i alla städer

förstår inte att jag orkade men det gjorde jag inte
sedan reparerades livet långsamt
blev till ett liv invid berget

förstår inte varför jag någonsin
beger mig därifrån
när jag inte måste,
förutom för möjligheten att sitta
vid sådana här halvöppna fönster
lyssna på andra städers regn

om jag kunde gå tillbaka,
men det går inte, tiden är aldrig ogjord
allt har redan hänt mig

alla städer blir till varma gropar
jag gick runt i dem och skrek eller log
ingen kan gå så hårdhänt fram med sig själv
det mesta som hänt vill jag inte kännas vid,
inte heller idag

jag trodde inte det var möjligt för mig att längta hem
men numera kan jag inte skilja känslan från hemmet,
eller kroppen från huden, eller håret
från de otvättade lakanen,
eller min identitet från vädret

alla minnen lika kantiga när de växer ut ur huvudet
elektroniken har börjat bete sig underligt, men jag tror inte
att jag förvarar väskan i vatten
skärmarna blixtrar som hudar mot ögonen

jag tänker på all den samlade gränslöshet
som lagts i lager
ovanpå mitt ansikte,
det enda lugn jag någonsin funnit

du skulle inte förstå mitt regn
du är inte flyktig som vatten

kan inte förklara vilka mekanismer som avgör
när en människa kliver ur en bild av sig och in i en annan,
eftersom jag inte vet hur det går till
vet bara att priset
är omöjligt
att det är dyrare
att låta bli

den ena dagen måste jag åka bort,
den andra stanna hemma
sedan sitter jag i en stad och längtar, fastän jag försvann
medan jag hade chansen att höra till

det är alltid tillhörigheten som driver fram kamouflage,
eftersom orden ovillkorligen är behäftade med hålrum
då är det enklare att tala för döva öron
då är det tommare i min säng i natt,
eftersom jag sover ensam
lakanens vita tomhet mot nyfunna ben

kunde skjutit på saknaden till imorgon,
men praktiserar aldrig försiktighet
berättelsen tar vägen: vart den vill
är trött och dov mot natten,
orkar inte svara på frågor, inte en enda,
inte ens låtsas att jag vet vad jag talar om
när jag talar om mig

munnen är ett sår som växer
mitt i ansiktet
minnet ett urgröpt hålrum
där jag förvarar timglassand

jag iakttog hur staden djupnade under mina fötter, dök i
långa breda kanaler, ner mellan husen, som om det vore
en annan stad jag såg, men regnet avslöjade oss

jag minns sommaren
som om det gällde ungdomen,
regnen på hösten
den första gula flaskan
jag ställde på diskbänken,
det andra paketet strösocker

ögonen faller samman för att påminna mig om
att allting redan hänt, och därför inte kan hända igen,
eftersom ovetskapen runnit förbi

jag förstår inte

hur jag kan längta

från en plats du aldrig sett,

invid ett fönster, bredvid en natt

medan ett regn

stilla kommer och går,

som jag

HÖGSOMMAR

vi ska viska istället för att tala om tystnaden

vi ska dekorera ögonen med sandstänk

och evigt eftermiddagsljus

vi ska ligga på knä med jorden i våra händer

vi ska hälla kaffe över alla berättelser vi glömde

vi ska rista falska hål på ben och armar

vi ska sitta vakna om nätterna bara för

att hålla oss trötta om dagarna

vi ska misskreditera de redan invigda och

hålla hov för små attiraljer

vi ska räkna in förlorade antal i statistiken

men glömma barnens efternamn

vi ska läsa sagor för dem som skriver inköpslistor

vi ska låtsas falla i gråt först när ingen hör

vi ska bli precis så kullkastade som vi alltid gjort oss

lika långrandiga och täckta av lupiner

vi ska samla ihop känslan som kvarstår

när dragkampen spelat ut sin roll

vi ska återigen färdas med bil

vi ska minnas landsbygden och förkasta alla hudkrämer

vi ska ta detaljerna på stort allvar

vi ska lämpa över språket på en annan generation

vi ska inte längre försaka söndagarna

vi ska förankra våra uttalanden i minnet av en eldstad

vi ska köpa en duvblå bordsduk att kamouflera sorgen med

ibland ska du långsamt sabotera ditt eget saliv

vi ska verka lössläppta utan att förlora precisionen

vi ska rota fram fotsida kaftaner att mota undan hösten med

vi ska skrika ut beteckningar på plantor till förbipasserande

vi ska äta salta kex och tänka på hamnarna vi lämnat

vi ska se undrande ut när någon frågar om väderleken

vi ska odla salvia, svartkål och blodmogna rötter

vi ska låta tårarna fukta ansiktet

så att vi slipper vänta på regn

vi ska inte lida av samvetskval

när vi kompletterar byggnadsverket

med ännu en halvmesyr

vi ska klättra dit vinrankorna håller för rundnätta tygskosteg

vi ska bo i det universum jag byggt av mina meningar

vi ska bli oanständigt gamla

idag eller imorgon

så jag säger till havet att jag aldrig lärt mig älska halvdant,

att jag inte vet hur det går till att leva på sparlåga,

att övermodet alltid varit min fasta hållpunkt

att himlen fallit isär

jag är inte rädd för att skrika eftersom det är

vad jag alltid gjort, medan jag stod blottlagd

i det kala eftermiddagsljuset

ropen ekade mellan byggnaderna och jag var säker då,

på vad som helst

övertygad om livets nödvändighet

alltför länge har jag väntat på ett svar i vinden

hela vintern i träda och slumrande

utan att rucka på simhuden under mina fötter

enda sättet att hinna leva är att kasta sig

in i den sista livsnerv som ännu löper

och kallhamrat inta den

jag vill ha allting det är fortfarande sant

varje minut av liv,

varje torftig kyss

cigaretterna trots att jag inte tål dem

det stökiga mullret från ett öppet fönster

i en av mina älskade städer

om somrarna går jag fotsid längs trottoarer

om somrarna kan jag överge vem som helst

utan att ödsla en blick

har stängt in mig i en livsparafras som innebär
att jag måste stympa mig själv i alla led,
från morgonen till kvällen, trots att min natur
är den omvända

försöker köpa tunna volanger för att hålla mig flytande,
men det är inte tyget som bär
det är ordet

kan inte leva inkapslad i en rutin som baktalar mina tårar
att gråta är ett tecken på att inte vara död

rotar efter en ogripbar sanning,
hur mycket den än glider mig ur händerna
fortsätter sökandet

jag skulle kunna orera i åratal
utan att någonsin få slut på uppslag
min hjärna är en ymnig yta

den letar efter skum

Det skrämmer mig att jag inte längre minns hur det går till att vara förvirrad, men jag hoppas det går lära om. Stryka med fingret längs bokryggar. Mitt språk lever i en bunker, i motsats till den här vildvuxna trädgården. Om texten är ett pekoral är jag dumdristig, men i den mån jag lever på rester har jag fog för mina tvivel.

Jag säger till havet att jag aldrig lärt mig att älska utan hjärtat och huden och ögonen. Att språk och kärlek är samma sak för mig, ett enda långt grävande i gropen. Att jag hållit en storm mellan händerna utan att låta den blomma ut. Att lugnet inte är mitt modersmål.

Det värsta jag någonsin hört var när det påstods att jag pratar för mycket, när jag i själva verket pratar alldeles för lite, som alla människor gör. Vi borde alla samtala utan uppehåll för även om vi talar vårt allra fortaste kommer vi nästan inte att hinna säga någonting till varandra före döden. Så långtgående är utredningsansvaret och så kort är människans resa.

Ta er samman och åk till en ö. Ställ mig i staden oavsett väderlek. Ropa på sorgen som kommer. Jag är inte rädd för förluster, och inte för att göra mig till åtlöje. Allt sådant har hänt förut. Jag är inte rädd för att kliva ner i livet som ett hav och låta det omformulera mig, men har inte lärt mig att leva till viss del, utefter strama premisser. Jag vill ha ymniga

ordsvall och gapande kratrar i medvetandet, öppna hål där
det går att hälla sand och salpeter, satintyngda drömmar av
stål och modellera, tyngre käftsmällar av mjuka versmått,
läppjande ordstäv och lysande nätter. Jag vill ha allting.
Så som det alltid har varit.

Nu säger jag till havet att det är dags att sluta vänta på en
försenad tillåtelse till att vara för mycket och överallt. Det
händer att jag sitter på stolar, men bara för att ha en plats
att bryta upp ifrån. Det händer fortfarande att jag talar med
hundar. Städerna älskar mig med samma intensitet som
förr fastän jag behöver sova oftare, och i fråga om ord finns
det ingen som slår mina värkande händer. Den som inte
begriper det är en idiot. Jag är varken tam eller rundnätt,
och absolut inte legal. Har inget att komma med ifall frågan
rör vitaminer. Själva grunden utgörs av ett brunnshål som
djupnar för att vittna om barndomens sötvatten. Har aldrig
lärt mig hur man gör för att inte offra allt, eller hur det går
till att känna skräck. Allt jag har är mitt lysande övermod,
tron till en tillförlitlig språkbehandling. Ingen kärna och
ingen trofasthet gentemot mitt senaste narrativ.

Jag säger vad som helst, och sedan glömmer jag. Talar i
termer av sanningsanspråk i lager ovanpå sanningsanspråk
eftersom jag inser vidden av min egen okunskap. Jag vill
leva nära risken och kullkasta allt förnuft. Jag bänder mig
utefter kanten på mina ord och förväxlar mig själv med

dikten, fastän erfarenheterna försökt lära mig att låta bli. Det spelar ingen roll. Jag har inte lärt mig att älska med slutna händer och döda ögon, inte övat på att ta ett steg i taget och sedan backa, inte förstått hur det går till att stapla skam ovanpå den rena instinkten och aldrig begripit vad rädslan består i, eftersom jag hittills aldrig klivit in i ett rum utan dörr. Man kan alltid gå ut igen. Jag är utled på att behöva beakta andra människors rädsla när jag har en sådan genuin fallenhet för dramatik. I varje cell bultar en uppvridbar känsla och nu när sommaren emigrerar genom det öppna fönstret ska jag ta de här händerna och lära dem att skriva igen.

Jag har aldrig lärt mig att älska utan att riskera livet, men det finns ingenting skrämmande med det. Bara ett sätt att röra sig nära berättelsens epicentrum och inhalera hela narrativet i ett sista andetag innan det är försent.

Döden, den ska komma snart.

Anniversarium över mina första trettio år

Culpa rubet vultus meus; non me perdas illa die

Introitus:

Detta är den skrapade huden på insidan av mina minnen.
Detta är återkomsten av en saboterad skala. Detta är
insikten om att jag går ifrån alla dem jag inte vill ha, för att
jag inte vill ha dem. Detta är avsaknaden av den enkelhet
med vilken mina ord flöt fram förut. Detta är inlindningen i
ett narrativ som omsluter mig lika lätt som en skada. Detta
är sommaren. Detta är svedan. Jag lutar mig ransonerat
tillbaka medan dina händer vinklar molnen. Om jag ännu
förmådde att sakna skulle jag säga: det blir tomt utan oss.
Men jag säger ingenting. Det här är knappast verkligt. Jag
är en människa som gör saker, och sedan gör jag andra
saker. Jag är en människa som dricker, ibland. Jag är en
människa som nyktrar till. Jag har varit arg på nyårsafton
och trampat döda snödrivor fem meter framför min make.
Jag har skilt mig för att återvinna friheten att få skrika åt
någon annan, tills alla berättelser gjort mitt tunna huvud så
sprängfyllt att jag inte längre kan skilja dov verklighet från
fiktion. Allting händer, och det händer samtidigt, fast det
ibland går flera år emellan. Jag vill bara ha vin och fisk.
Men tiden fortsätter framåt. Barnet växer; det är den enda
säkra metoden för att mäta omfattningen av min nyvunna
ålderdom. Här står jag och ropar på vind som inte svarar.

Kyrie:

Jag fyllde trettio år med våfflor. Fyllde på med sylt och föll isär. Allt jag begär är att inte behöva tänka mig för, lusten att säga vad som helst, när som helst. Att vakna vilken morgon som helst och gå ut genom dörren.

Sekvens:

Kaffet kokade över och jag stod dumdristigt kartlagd invid spisen, avslöjad i min korkade strävan. Gå till jobbet? Om bara inte plasten rann. Jag bryr mig ingenting och alla vet det, jag menar inte om jobbet utan livet. Att jag irrar. Försöker haka fast i trådar här och där, med samma resultat. Att jag går. Att jag flyter undan med strömmarna som leder mot havet, jag menar det stora. Allt det som inte går att bygga fördämningar mot. Som om verkligheten inföll i dåtiden fastän nuet alltid ligger ett andetag bort. Jag har alltid varit exakt lika levande som nu, sedan dagen då jag föddes, men belysningen har tunnat ut min själ. Det går inte längre att berätta min berättelse. Det skiner igenom att jag inte trodde på det jag utgav mig för att tro på, och således tolkas hela ansatsen och utförandet som en lögn, fastän jag ärligt försökte försöka, ville vilja – och älskade att nödtorftigt älska. Men jag brydde mig inte på allvar. Bara om språket. Varenda kropp jag någonsin mött har på sin höjd utgjort en meningsuppbyggnad att linda narrativet kring, och när någonting såg ut att hända stod jag vid sidan om med ett anteckningsblock.

Så ska jag också skriva oss: med det distanserade skimret från någon som saknade utan att sakna och bar en hemlig längtan om att resa sig upp och gå ut i sommarnatten där innergården just slagit i blom. Vi ska inte kalla varandra för syskon. Ska bara pumpa cykeldäcken hårt utan att rådfråga eftermiddagen och sedan leta oss fram till en vik där vi kan spela upp en låtsad ro, eller oro. Där jag kan spy i buskarna och reprisera mitt liv. Någon gång rör sig alla mot varandra och sedan rör de sig bort. Någon gång faller alla mina ögon samman. Någon gång ser jag på dig utan att veta vem det är jag ser på. Någon gång ska jag baktala vad vi varit för varandra. Nattågen avgår än en gång ifrån alla Europas stationer men jag följer inte med. Här luktar ingenting som mentolcigarretter och skugga; det är inte ondskan i Italien en söndag i augusti. Jag åtrår sömnen som en bortsprungen vän. Himlarna i min hjärna är fyllda av björnbär, hallon och grekisk yoghurt, som huden och händerna. Jag ligger i sängen och väntar på regn, men allt har redan fallit ner och lämnat gatan lika torr som förut. Det finns ingen dröm om Polen att sakna och ingen annan sommar heller. Vi reser in i oss själva för att vi tappat lusten att resa bort. Du står med återanvända fotvalv pressade mot marken och slumrar när havet övergår i sång. Vem ska höra dig strypa vinden? Jag letar förgäves efter en näckros värdig att bära minnet av min första sorg, men allt jag ser är lera och musslor och en lemlästad krabba som ligger på tork. Allt jag har är tomma händer. Du har mindre än så. Jag vet alltid när det är dags att gå vidare, för jag har övat mycket, utan att lära mig att genomföra steget i praktiken. Jag lämnar med hjärtat innan väskorna packas. En lång tid förflyter däremellan, när jag lutar mig bakåt och hoppas att passerade tidsåldrar ska rädda mig, men det gör de aldrig. En trötthet är lika stor från vilket håll den än drabbar, och jag är precis den jag alltid fruktat att bli, labil och lakonisk på samma gång. På måndagar iklädd körkåpa. Det svarta kaffet står bredvid den uppladdningsbara telefonen. Igår såg jag på en idiotisk dansk serie, full av plattityder, tills jag somnade omringad av normativa vanföreställningar – men vaknade oväntat utvilad. Jag har slutat bry mig om shorts. Jag stirrade på mitt ansikte i spegeln och insåg att jag älskar att vara hemma, men inte att vistas inomhus. Saknade instrumental musik genom öppna fönster, som lukten när jag åkte till skärgården med barnet. Hon och jag gör oss omöjliga för varandra men har lika svårt för att vara ifrån. Det irriterar mig när andra kvinnor appellerar till hennes hjärta som om de visste vad ett moderskap innebär; de har ingen aning. Ingen lever med mitt barns snor och ilska som jag, förutom hennes pappa. Bara föräldrarna känner till ett barns laster, eller sådana människor som helt och fullt har trätt in i dessa föräldrars roll, och därmed anammat dessa laster och gjort dem till sina egna. Jag känner till hela den berättelse som föregick hennes intåg i livet och det är ingen vacker saga. Hon föddes ur stenar, sand och böcker, av vin och brända kastanjer. Hon är ett barn som vistades i träden redan

innan hon var påtänkt, så det är knappast förvånande att
hon klättrar med avsikt att falla snabbt mot marken, och
förresten hann hon aldrig bli påtänkt innan hon redan
fanns, av egen vilja. Hennes önskningar är starkare än livet
och döden, som mina brukade vara. Är det fel att avundas
sitt barn dess livsglädje? Det är fegare att inte erkänna att
man känner så. De flesta föräldrar ljuger för sig själva hela
tiden, eller är av en annan sort. Självuppoffrande hycklare.
Jag vill förtära sommarens alla strutar eller fästa dem i dina
mungipor, kleta sirap längs hela havslinjen tills jag glömt att
jag endast letar efter en ersättare nu när Gud gått bort. Nu
när sommaren faller långsamt mot sin egen käke. Inuti de
nätterna vacklar mina tankar på kanten av ett fönsterbräde.
Nu när jag är du, utan att veta vem du är. Nu när jag ännu
drömmer om städer som sömnen och sömnen som städer
och väntar och vakar i ett vitt kök. Nu när jag är stum av
saknad över förmågan att sakna, det vill säga att jag önskar:
att känna som människorna. Att jag visste vem som är du.

Offertorium:

Och jag skriver ord för att någon ska orka läsa, men det
finns ingenting att förstå, fastän ingen tror mig när jag säger
att jag skrev för att skriva och förgäves försökte leva för att
leva utan att förstå hur det går till när en känsla blommar
oförblommerad ut ur en människa, utan att ha inplanterats.
Kanske ljuger alla för sig själva, inte bara föräldrar, men är
för dumma för att förstå. I så fall är jag ganska ensam på

den här platsen, för jag känner alla mina lögner som trofast boskap. Jag är varken dövstum eller tam trots att jag ännu försöker. Varje dag är en ny inhägnad som jag bryter mig ur. Varje utbrytning innebär ett nytt hinder jag ställer upp för mig själv, tills lyckan kommit att innebära avsaknaden av totalt och omedelbart lidande. Den absoluta sanningen aldrig större än en kaffekopp och tårar är som alltid bara vatten. Jag skulle skriva om löven föll av, eller vid ett öppet fönster, men vätskan tog mig och tog bort allt det som jag brukade glömma att inte komma ihåg. Fiskmåsens skri och en dimgrå lägenhet. Jag ska åldras fotsid och galant, tappa upp ännu ett bad. Tids nog blir alla till sig själva, strunt samma om det är ännu en lögn. Alla utom jag, för jag är bara jagandet efter vind och flyktförsöken, aldrig lusten att stanna kvar. Inte ens med mig själv; en tröttsam vålnad utan samvete. Ett bipolärt spänningsfält som sträcker sig från det extrema till det normala till någonting superlativt apokalyptiskt sakralt. Nej nej, det här är inte sanningen.

Sanctus:
Frän svettlukt och femton meter till ett rikligt tångbestånd. Arbetstidsförkortning och friskvårdstillägg. Personalrabatt på cykelreparationer, hjälmar att skydda avsaknaden av tankar med. Minnet av mörkret i skogen. Strama kvinnor med sax. Fryspizza och prosecco, slafsiga gula glas. Du ska nu bära smutsiga tygskor till det land dina förfäder rensade från markens stenar, blottlägga historien där. Helig, helig.

Benedictus:

Jag bär på ungdomens nätter. Hon har en röst som får mig att somna – inte av tristess utan lugn, för en gångs skull. Jag lägger aldrig mitt huvud i hennes knä och sedan säger vi inte farväl. Men ändå. Ingen kan skada mig längre för det finns ingenting jag bryr mig om, förutom mig själv och barnet och staden och havet och orden och krukväxterna som nästan har torkat ut medan sommaren har tilltagit i styrka och jag avtagit i hopp, men de repar sig igen, som vi repar upp oss. Jag är en person som vaknar tills jag inte gör det, och på så vis sammanfaller äntligen min berättelse med mänsklighetens. Jag är en utav oss. Vi som lever och ska dö. Vi som lever en stund medan vi kan, eftersom vi inte vet vad vi annars skulle ta oss till. Jag brukade se på snön. Låt mig meddela: att den har smält. Jag har fyllt trettio år med fördolt buller och glass i en liten låda, med den fortsatta oförmågan att omfamna cigaretter i mer än en dag utan att drabbas av en oförlåtlig leda, insvept i sammetsdraperade dagdrömmar, i en sorgkantad sommarkokong. Jag öppnar fönstret mot vinden och ropar att det finns inga lejon på Ramberget. Finns inget svar på frågan om koncentrationen i blodet när jag lutar mig mot dig och drömmer att skrattet är välkomponerat. I vilken natt ska vi lämna staden? Jag minns: bussar, terminaler, resväskor, biljetter, smörgåsar i plast, knän, damm, bensinlukt, dikesrenar, hy, hundöron, bläckpennor, vinflaskor, tåg, gränskontroller, stämplar, uniformsmössor, fett hår. Jag är en skivspelare som hakat upp sig, en lobotomerad litteraturmaskin som sträcker sig efter ett narrativ, vilket som helst. Som nästan eldar upp lägenheten för att den här livsstilen verkar nedsättande på min kognitiva förmåga. Förstår du? Tills bara skalen var kvar i vasken som en påminnelse om årets första omelett, och vårens sista leende. Ingenting av det jag skrev var på riktigt liksom ingenting av det jag levde var på riktigt, inte på många år. Lyfta axlar som sjunker mot jorden igen. Och sedan en liten evighet. Inte större än en jord som dalar.

Agnus Dei:
Trettio år senare kan vi mötas i min sommarberså. Dricka kaffet då. Läsa Duras som vore det första gången. Lära oss att aldrig någonsin vända om. Ju kortare tid som återstår till döden desto större anledning att skynda sig att leva. Jag vill: skriva. Om jag påstod något annat så ljög jag, för allting annat var avhängigt texten. Lycka och olycka är bara två ord, de betyder ingenting. Jag säger vad som helst och gör vad som helst och sedan glömmer jag, för jag trodde att lyckan var ett skådespel och att olyckan var samma sak. I brist på teater har jag inrättat ett sorts liv. I brist på sanning producerar jag manus. Jag kan berätta allt det här eftersom jag numera vet att ingen kommer att tro mig. Den som är tillräckligt ärlig blir nämligen aldrig trodd. Mänskligheten söker efter begriplighet och vänder sig om i avsmak när allt som blottas är ett idisslande hål. Det var det jag sade till dig, men du hade redan somnat, eller om det var jag.

Communio:

Den som letar efter känslor kan släppa taget nu, för allt jag
har är ord, och det är faktiskt inte samma sak, även om det
är en vanlig missuppfattning att poeter skriver för att lätta
sitt hjärta, vilket för övrigt är språkets vidrigaste uttryck. Jag
skriver för att tynga mitt hjärta och lägga sten på börda.
Nej – inte ens det är sant. Jag skriver för att söka efter den
sanning jag vet att jag aldrig kan nå fram till men ändå
tillbringar en livstid med att långsamt försöka avkläda, jag
skriver för att språket ska få vara vackert, för att komplicera
livet. Jag skriver: inte av någon särskild anledning, skriver
för att jag skriver. För att jag är död när jag låter bli. För att
vara levande, ännu en liten stund. Skriver för att inte genast
behöva åkalla de sista timmarna och sedan falla död ner.

detta är sommaren
jag bär samma bruna klänning varje dag,
trots att den ännu inte hunnit solkas

systern i Berlin, som jag borde eller inte borde vara
vem är på väg någonstans
vi är alla redan framme

det är inte den yttre miljön som är avgörande
ingen vet det bättre än jag
allt vi har är tid, eller tid vi inte har,
eller tid vi inte förmår helga,
eller tid som spills
som vin ur karaffer på tunga mattor

jag är lycklig när jag får sitta i skuggan
och på det sättet mycket enkel att tillfredsställa
fastän alla hävdar att det är svårt
de ljuger, ser världen
genom skymmande dimma

ingen är gladare än jag, det är bara det
att ingen hinner se
hur stor min glädje är
medan den bruna klänningsfållen drar förbi
över brända gräset,
jag spiller kaffe ur koppar

har skyndat till hållplatsen så många morgnar
att de slutat räkna mig
utanför mataffären tittar vi på klockan,
den är alltid lite mer
än jag räknat eller önskat

ibland tar vi vägen över gångbron

alltid omöjligt kallt, omöjligt varmt
årstiden finns inte
omöjligheten sitter i mig
eftersom jag finner alla väderlekar lika svåra,
fastän jag tillber omslagen;
ett regn som bryter ut över berget eller plötslig solglimt
genom mitt fönster,
jag sällan hinner beakta

detta är sommaren: att utvärdera bristen på tid
som om livet inte utgjordes av tid
jag faller ihop i ett töcken
av obeprövade vårar
som nästan aldrig blev av,
återupptar relationen till granskog och insjöar
men tillvaron är kringskuren, vi hinner knappt infinna oss
innan det är dags att åka,
rastlösheten hänger ankrad
med huggtänder från halsen

snart skyndar vi förbi mataffären igen,
kvart i åtta, bussarna rinner utmed linjetrafiken,
cigaretter på marken och
lätt duggregn, lätt solsken, lätt snöfall,
samma sak

det är bara vinden som tar ifrån mig allt jag äger
och får mig att stå och skrika sådana okvädningsord
som gått ur tiden för decennier sedan

vi är ändå försenade,
åtminstone jag
till det liv som skulle vara mig givet

de säger åt mig att inte känna ångest
det är inte ångest
jag lider av / jag lider av
realism

insikten om att livet är
en utmätt räcka tid,
att de uppgifter man har att utföra
inte kan vänta till efter döden

borde skrivit mer, det är den enda tanken
till vem skulle jag riktat orden
sedan Gud lämnade mina böner därhän

detta är sommaren: en övergiven gårdsplan som står och
förgås i vinden, generationers ok som till slut måste överges,
borttappade tänder och lamslagna käkar, ord som inte
rörde sig, tårar som inte föll, ett igenväxt trädgårdsland och
torka i odlingslådan i vårt bostadskvarter, där vi inte är

ska inte hit i augusti, fastän det är livsviktigt
att åka hit i augusti, måste alltid åka hit i augusti,
man måste vara tyst innan det går att tala,
tillvaron är årstidsbunden
åtminstone avhängig säsonger,
det måste gå att dela in allting i avsnitt
för att gripa efter den ogripbara tiden,
eftersom vi inget annat har
det inte är tillåtet att hoppa över kapitel i det som pågår,
även om jag motsätter mig kronologin
så kommer åldern att närma sig
en irreversibel årstidsväxling,
man får inte störa naturen, det går inte omförhandla
det narrativ man fötts att bära

ändå åker jag inte hit i augusti
genomför sommaren i komprimerad form,
snabbspolar barndomens videoband och
landar i dåtiden innan jag flyger,
så fragmentariskt att
nedslagets resultat inte blir mätbart

vistelsen sätter inga spår
inte i mig
jag är en radio som alltid spelar
samma program
men det blir hela tiden lite svårare
att hitta frekvensen,
livet rinner inte längre
i en obruten ström fram till mig
det jag hittar tvingas jag genast
ge ifrån mig

detta är sommaren: nya födelsemärken
och torra armbågar
barnet försvinner in i vassen
spanar efter kanoter sjöfåglar
turister cyklister campare,
människor som vet hur man gör upp en eld

den nedlagda lanthandeln, omöjligheten i att företa sig
någonting en promenad,
vita streck mot varm asfalt,
svedan i mun och svalg,
klådan i underlivet, snoret som rinner, tårarna
som fortfarande inte gör det

jag rör mig
en förvildad statist

längs kanten på trädgården,
vilken utgör universum
bruna ben under klänningen
visionslösa attrapper utan möjlighet
till verklig förflyttning
gränslöst som förr

jag är inte längre den som spränger gränser
det är rädslan som krymper människan
vågar mig inte ut i naturen
eftersom jag inte vill upptäcka
hur lite den betyder för mig

min längtan är byggd av oändligt varma städer,
platser där det mest främmande
sammanfaller med det närmaste

detta är sommaren: en bön om att få leva
bara lite till

AUGUSTI

Sorgen, den har blivit större nu. Mer monumental. Jag minns inte längre vem det var som lärde mig att skriva, eftersom jag inte längre skriver. Det var jag. Det var jag som skrev tills jag lärde mig. Det var jag som stod för den glömska som nu står ristad i stenarna utanför mitt hus. Varje tid måste levas. Varje liv måste nötas ner till sin minsta beståndsdel, kastas upp i luften och ombildas i tusen splittrade versioner. Jag måste leva med tystnaden här, tills den bryts. Det här avslutet är också början på en vacker höst, som alla höstar. Detta är ännu ett avstamp. Den enda förändringen återfinns inuti mig, ändå är allting är sig likt. Jag är tomma rum. Kala golv. Släckta taklampor, fönster som lämnats öppna att slå för vinden. Förflyttar mig genom tillvaron med lastfartygens gång, stillsam och oåterkallelig. Jag färdas mina sträckor över vatten. Packar samman en liten hamn. Jag håller alla kassar i mina händer och vädjar till barnet att gå uppför trapporna själv. Dricker inte vin på kvällen förutom när jag gör det. Framför mitt sömnansikte befinner sig en tjock vägg som hela tiden tätnar. Jag ser inte igenom den. Livet är inte längre en yttre omständighet att planera inför, det är en fortgående historieskrivning utan amnesti. Vi lever i den sista av tider och ändå är det all tid vi har, och tiden vi har är inte knapp, den är lika lång som någonsin. Tiden är bara vad den är. Vi är människor. Jag förförs av möjligheten att trots livets totala förgänglighet inrätta en tillvaro; du är dödlig och köper tepåsar. Du är döende mitt i livet. På hållplatsen blir jag igenkänd av spårvagnsföraren som vinkar vänligt åt mig från ett annat liv. Tre år tillbaka i tiden, en buktande mage dold under tröjan och teoriprov i spårvagnsmekanik. Nygift, med hela tänder och ett nytt namn på körkortet, namnet som blivit gammalt nu. Jag längtar inte tillbaka till någonting alls, förutom tiden innan jag skadade mig. Allting annat var menat att hända. Allting har redan hänt och kommer att hända, oavsett vad jag menar ska ske. Snart är hösten åter klarröd som renskalad grapefrukt mot läpparna, sur och ambivalent – en årstid att minnas eller glömma inuti. Jag ska förkasta alla minnen, som vatten. Rasande resa mig ur askorna och fortsätta att riva itu pappersremsor. Det var en livstid som utspelade sig mellan väggarna och därför är jag glad över att flytta. Livet börjar om igen. Det enda jag vet om livet är att det alltid börjar om, tills det tar slut. Hela hösten vill jag sitta i mitt kök omgärdad av det språk jag försakat och våga sörja att jag inte längre lever innesluten i skrivandets praktik. Sedan kommer vintern åter och andas samma rytm. Det går inte att förutspå. En dag är jag här och nästa försvunnen. Litar till barnets andetag i mörkret och inga andra människor. Vi är en skev liten samling av personer invid berget som samlat ihop sig för att vi inte hörde till. Det vill säga: att jag ersatt tomheten med värme, eftersom inte ens ensamma människor står ut med sin ensamhet i längden, fastän den är dem av naturen given. Man måste lära sig att vara lagom ensam bredvid varandra.

Att dela värme utan att kväva glöden. Jag är fortfarande en människa som lever som hon är tvungen att göra, eftersom jag följer mitt narrativ. Jag lever inte längre inuti min dröm, eftersom den blivit omöjlig. Min enda dröm är att överleva så länge det är möjligt. Hur lång tid det tar att dö kan ingen säga. Kan inte begripa att detta ännu är augusti, när jag begravt sommaren sedan juni. Här är hösten. Här är jag, inuti den. Här är papplådorna som fyller ut området som utgjorde början på kärleken, och minnena som flockas längs nattens kanter. Hit kom jag under flera år för att packa om mina väskor. Hit kom jag stundtals – för att fortsätta fly. Nu förbereder jag mig inför en ny tillvaro på andra sidan av körsbärsträdets grenverk, och upptäcker att jag redan har lämnat detta liv bakom för en tid sedan. Kök är bara kök, människor är bara människor och kärlek är bara kärlek. Död är även döden. Liv är också livet. Augusti är en månad som pågår just när vansinnet gått över, som underhåller oss medan vi väntar på att september ska ta vid, för att berätta vilka vi verkligen hunnit bli medan sommaren föll ner i flagor. Jag är inte densamma. Jag är ledsen nu. Det är en sorg jag inte gör någonting för att överbrygga. Det finns ingen skyldighet att le, aldrig. Min sorg är ett modersmål jag måste lära mig att sluta överge. I den stillsamma natten förblir jag min dödsskugga trogen i det att jag rör mig mot sömnen helt tveklöst, lika suddig och likgiltig som ett urtida djur. Jag är mina instinkter, inget annat. Jag närde barnet vid barmen. Hon växte ifrån mig på avkommors vis. Jag

lärde mig att leva med tårar. Sorgen kommer att skrämma
iväg dem som drogs till leendet och det är helt i sin ordning.
Jag lever inte bland taken. Jag sjunger inte de sångerna. Jag
går inte klädd i fotsida dräkter med ögonblick tatuerade på
insidan av mina armar, är inte glasklar, jag spelar aldrig
melodika igen. Minns inga gränder, minns inte amputerade
ögonblick av pulveriserade trappuppgångar, en segsliten
ungdom som ridit ut sig själv. Namnen på män som jag
förträngt. Detta är ett liv, sedan följer ett annat. Jag vänjer
mig vid ledan om jag bekänner att livet är långt, och vid
närmare eftertanke finns det tecken som tyder på det – för
ett år varade en evighet, och tre år är mer än jag kan mäta.
En tid före och en tid efter. Andra sidan av allt. Jag skriker
att de ska operera ut min livmoder för aldrig mer ska jag
låta en man komma så lätt undan vid en tillblivelse, men i
själva verket vet jag ingenting om mina egna önskningar.
Den jag är idag har ingenting att göra med vem jag blir
imorgon. Bor i en lägenhet och har ett arbete. Om en dryg
vecka arbetar jag någon annanstans och bor i en annan
bostad. Det är hur livet ser ut; inte bara mitt, det gäller alla.
En kontinuerlig vågrörelse av förändringar som knyter an
till varandra i den intrikata väv som gör att våra val alltid
skymmer sikten för oss själva. Vi vet inte vad vi vet, och när
vi tagit reda på vad vi nyss visste har vi redan fyllts av så
många nya erfarenheter att kunskapen återigen förringat
vetskapen om sig själv, till förmån för illusioner. Det är helt
i sin ordning. Sorgen är proportionerlig i förhållande till

livets uppbyggnad, som inte utgörs av någonting annat än förluster, eller ansatser till förluster. Allting du har ska du mista. Allting du vet ska du glömma. Allting du gläds åt är en källa till kommande sorger. Nutidens lycka motsvarar alltid storleken på framtidens förluster. Det är fortfarande sant. Det betyder inte att lyckan inte är värd sitt orimligt höga pris. Jag vet inte vad lycka är, men litar på sorgen. En känsla att bottna i. Ett tillstånd att drunkna i. Jag är vaken eftersom jag är levande. Jag andas för att jag inte är död. Det är fruktansvärt enkelt. Livet är simpelt. Det gör inte tillvaron mindre sann, tvärtom. Du är levande, och allting vad levande människor gör, utgör deras liv. Mitt liv ser inte ut som det jag hoppades på, inte nu. Det gör mig ledsen utan att döda mig. Sorgen är ett naturligt tillstånd och en rimlig reaktion på talrika besvikelser. Jag tänker inte svika sorgen och förringa den genom att kalla den för en nyttig lärdom, och inte förneka avsaknaden av tårar genom att beskylla ögonhålorna för att vara blockerade. Sorgen är inte en häftig rörelse som plötsligt bryter ut i natten, den är en stillsamt framväxande vetskap som börjar lika lågmält som en skymning. En tystnadens tumör. Sorgen ryms lika väl i en ocean som i ett glas vatten. Sorgen är den ofrånkomliga insikten om att allting existerar för att ta slut. Sorgen är mörkret i början av den första kyssen och det gränslösa avståndet i en nära vänskap. Sorgen är barnets frigörelse ifrån livmodern och tomheten som ekar därinne efteråt. Sorgen är gemenskapen i din ensamhet. Sorgen är jag.

EFTERDYNING

Det här är morgonen, som följer efter natten. Det här är fortfarande inte en tid då jag har tid att skriva. Först måste man vila. Sedan måste kroppen göras redo, genom simning eller löpning. Sedan dusch och kaffe. Sedan kan man skriva – men jag är inte där. Man kliver inte så enkelt ur en hud in i en annan. Ur ett liv in i ett annat. Detta är nutiden och den får jag bära. Sedan-tiden följer och därpå ännu hundra tidsåldrar. Detta är idag, och idag ska jag tillåta mig att vila eftersom det är skrivandets första fas. Läsa, promenera. Se på solen som lyser på fjolårets fasader. Små röda märken, brustna blodkärl, hösten. Detta är bara ord jag skriver. Det är inte mitt skrivande, är inte där ännu. Vilken dag vinner människan balans? Inte ens min dator känns som ett hem.

Den är förvisso ny, men jag arbetar inte längre främst vid min egen bekväma dator med det smala tangentbordet under fingrarna, vars avstånd jag känner så väl att jag med lätthet kan blicka rakt ut i luften framför mig och ändå alltid träffa rätt. Jag har skrivit tusentals sidor på just en sådan här dator. Därför måste jag ha samma. Det går inte att förklara för någon som frågar om prislappens storlek, då har man inte förstått verktygets dignitet. Men det var mer berättigat förut. Min dator har varit reskamrat, vän, kärlek, åhörare, samtalsstöd, förströelse. Jag har sovit med den och vaknat med den och burit den till olika länder. Nu har jag en ny, likadan. En aning blankare. Alldeles ren, utan dessa dokument vilka jag strör överallt utan att någonsin lyckas sortera i ordentliga mappar. Oftast sitter jag fastsurrad vid myndigheternas långsamma åbäke och svär över dess dysfunktionalitet. Två breda skärmar. Det är bra. Ett eget rum. Det är bra. Men det är inte *mitt arbete*. Det är en fas. Det är tangentbord utan ord och texter utan språk. Jag hinner inte ta igen ett förlorat liv på en enda morgon. Acceptansen är viktigare än strävan. Det trodde jag inte förut, när jag trodde att kampen och envisheten gick före allt, att livet var som bäst när det var som värst. Jag hade rätt, som man alltid har rätt innan man förstår att man har fel. Eller såhär: att förändringen inte är en förlust. Det är en fas. Jag kan inte stå för min nuvarande livsstil men utforskar den ändå, som ett led i det liv som långsamt ska göras till mitt. Skillnaden mellan mig och andra människor är att jag aldrig har det tråkigt, fast nu har jag lärt mig vad tristess är. Tröttheten lär ut passivitet, och från den kan man bara fly genom alkohol eller sömn. Eller båda. När vi är utmattade förmår vi inte att ta oss an livets verkliga arbete. Det är just därför människor dricker på fredagar, jag vet det nu, allting är logiskt – men jag dricker alltid, eller drack. Jag var här förra hösten och hade all tid i mina händer, men den största delen av tiden drack jag upp. Därför måste jag antingen förändras igen innan jag vågar tillåta mig att äga tiden, eller finna en väg mellan båda dessa världar, ett ingenmansland som passar en kvinna som ändå aldrig hört till någonstans. Tangenternas matta yta är ännu det mest tillfredsställande material jag någon gång känt mot mina fingertoppar. Det finns ett spänningsfält mellan sönderfall och rekreation som befolkas av produktiviteten. Jag behöver timanställningar och osäkra inkomster, behöver en räddning som kommer precis före fallet – men trivs ändå med att sporadiskt delta i det liv som andra människor för. Idag ska jag kanske spela brädspel. Fotografera katter. Ännu inte idka sport i grupp, vad som helst men inte det, den fysiska upplevelsen är min vackraste ensamhet. Allt jag behöver är tid. Då spelar det ingen roll var jag är. Människor förstår inte att skrivandet är en heltid, men jag skäms för all tid då jag inte skriver, så jag har ingen rätt att berätta vad skrivandet är. Inte nu, när jag inte lever innesluten i det. Skriver i skymundan för mig själv och utom tiden, på ödsliga platser där sömnen väntar in fjolårshändernas rörelser. Jag skriver i mellanrum och håligheter, men inte med den absoluta hängivenhet som bara den som ingenting har att förlora har råd att slösa på konsten. Jag är rädd om mitt skinn medan det förfaller, tills jag blivit så rädd för mitt skinn att jag inte längre vågar tala.

Men det finns något mer, något jag inte väntade mig. Det finns människor. Människorna finns, och deras liv är på riktigt. Det är omöjligheten i att älska i sin ensamhet. Att man också älskar att få vara med. Att allting har ett pris. Att priset jag betalar är för högt och att jag vet det, när jag står på natten i ett nedsläckt barnrum och ropar hennes namn, från en plats där hon inte kan höra mig. Hon är inte där. Ensamheten är större än kärleken. Jag kunde aldrig mer bli ensam, och sedan blev jag ensammare än någonsin.

Ensamheten som skapas av ett barns frånvaro är större än alla andra ensamheter, men jag åtrådde den, vilket är det värsta en mor kan göra. Min synd: att jag ville skriva, och att jag skrev, men aldrig gjorde det tillräckligt länge och aldrig tillräckligt noggrant. Det är inte en fråga om kvalitet och absolut inte om talang. Det är enbart en fråga om strävan. Att vara noggrann med livet. Är acceptansen ändå viktigare? Ja, för att leva. Men inte för att skriva. För att skriva är bara skrivandet viktigt. Det är ett arbete. Det finns ingen mening med att ha ett liv, du kan ha det eller inte, det spelar ingen roll, du kan skriva om det liv du har eller det liv du haft eller om att inte ha ett liv, bara du skriver så kan du skriva. Och acceptansen? Är sömnen som kommer när du slutat att skriva och börjat tänka att det aldrig var menat för dig. När du accepterat din plats inuti den rutiga kappan och börjat dra på dig skinnhandskarna med finess.

Acceptansen hjälper strävan om den berättar att allting inte måste ske samtidigt – som förut – men att allting trots det kommer att ske, tids nog. Om strävan inte omvandlas till den paniska rädslan över att ännu inte vara framme, den som hindrar själva resan mot målet, som om det fanns en plats att komma fram till. Det gör det inte. Hela livet är: att komma till en plats man snart ska lämna. Hur många rum, hur många händer. Den enda som inte lämnas är barnet; det är barnet som lämnar, men ett barn bär aldrig någon skuld. Inte för övergivandet. Moderns ambivalens föder gråten. Modern ska kräva ensamheten när barnet är nära och sakna barnet våldsamt när natten faller tung. Ta ansvar på avstånd men inte nära. Jag förmådde att acceptera en separation som berodde på texten. Jag reste för att få vara ifred. Det var logiskt. Det är inte logiskt att lämna sitt barn hela dagar för att göra någonting som inte bränner hål på hjärtats kanter. Ställer jag orimliga krav? Nej. Det återstår kanske femtio år för mig att leva. En fruktansvärt kort tid. Jag hinner ingenting. Försöker att acceptera, men strävan når igenom. Då måste man välja. Leva lycklig och lugnt och behagligt och enkelt och lära sig konversera och väga orden på tungan som nyfallna löv. Leva med människor. Annars skala bort allting som inte är det enda som ännu betyder någonting. Finns det ett fält emellan dessa platser varöver jag kan gå, och sedan vända tillbaka? Får jag någon gång komma och gå som jag vill? Hör inte hemma vare sig i poserande frigjort vakuum där ingenting blir gjort, men inte heller i det tillrättalagt rutinmässiga där ingenting blir gjort. Enda syftet är att skriva, som jag skriver, men det är inte tillräckligt, ingenting är tillräckligt förrän texten är livet. Är det här ett manifest? Nej, sådana är tramsiga. Det är bara en text. Då är det mitt liv. Idag ska jag vila. Inte skriva.

Nattens rinnande väsen. Jag går tillbaka till ursprunget för min text, en sorts berggrund. Stillestånd. Är det människor vi ska bli? Som vi alltid varit. Ni är alla vid liv i natten, som jag vid mitt skrivbord. Man kan låtsas att det är samma sak fastän det inte är sant. Skrivbordets förutsättningar utgör inte ett liv. Det är motsatsen till liv och parafrasen på liv, men ett i det närmaste fullgott alternativ. Skrivbord är vad ensamma människor har istället för samvaro, eftersom de har valt att ha det så. Skrivbordet utgör mitt liv men inte andras. Det är inte vad fungerande människor menar när de talar om att inneha ett liv. Jag har tystnaden som bryts av musik, tända ljus och andra klichéartade attiraljer. Jag har mig kvar, fastän texten sedan länge har de mest vitala delarna tagna i förvar. Det är inte så illa. Det är vad det är, är som allting är. Ibland dessa dagar möts jag av den totala acceptansen vilken jag varken förmår att omförhandla eller undfly. Allting är. Det är som det är, som det varit tvunget att bli. Alternativen är chimärer. Det här är verkligheten.

Barnets sömn är tung som sammet. Hon ler när hon tänker på årstiderna. Där texterna tog avstamp fanns hon inte; jag började skriva innan hon blev till. Allting finns i ord. Jag har gått tillbaka till den första dagen, den som var en natt, den första nattens tårar klädda i text. Ett sedvanligt bråk på en trottoar i Majorna, eller flera. Har jag bott i Majorna? Tydligen, eftersom texten säger det. Minns bara Hisingen. Jag minns inte nätterna ovanför hamninloppet fastän jag bär minnesbilder därifrån. Jag längtar absolut inte tillbaka men vill respektera orden som har skrivits (där och överallt). Två sidor om dagen som minimum sedan den första januari 2016, innan barnets födelse. Vad fan ska jag göra med all text som ligger anhopad och ockuperar mina externa hårddiskar? Allting har ju hänt sedan dess. Och jag har ingenting emot att sälja ut det mest privata så länge det är fråga om litteratur. Men då måste jag veta att det håller.

Jag begriper inte när jag skriver; det måste ske i skymundan från mig själv, för jag tror varje dag att jag är en människa som inte skriver. Jag skriver inte. Ändå producerar jag text i mängder. Ingenting är enklare än att skriva. Det svåra är att sammanfatta vad man skrivit och göra det begripligt. Texten är mitt väsen. Är det självgott att skriva så? Må så vara. Jag är text och texten är jag, eftersom texten är allt jag har. Det är verkligen det enda jag har kvar, inser jag när jag läser den första dagens vacklande meningar.

Det är inte ett liv utan oräkneliga tidsåldrar som flutit under Älvsborgsbron, livet som var och aldrig blev. Jag ropar från andra sidan av en ogenomtränglig mur. Jag är hon som ville skriva och skrev och inte förstod att skriften har sitt pris. Nu betalar jag. Med allt jag har, som är ingenting, eftersom ingenting finns kvar. Om jag är melodramatisk?

Det kan du fan ge dig på.

Det händer att jag saknar det spröda ljuset i mars, den elektriska stämningen i skymningarna då, och hungern som löpte längs Vasagatan. Det är kvällar som inte längre finns, ett ljus vars namn jag glömt bort. Om nätterna minns mig? Som ett andetag före radbrytningen.

När jag talar om saknad så är det inte ett ord jag använder utan att beakta dess innebörd, för jag vill verkligen kliva in i språket och stanna där. Min saknad är större än huden. Den bor i kroppen som inte är kvar. Jag menar det verkligt kyliga aftonljuset som aldrig mer jagar människorna hemåt. Nu paraderar vi endast i strida strömmar. Jag tänker på det fullkomliga vansinnet som kommer sig av att sitta i ett kyligt bibliotek och skriva på ett förbjudet projekt; att då försaka akademiskt arbete till förmån för den litteraturen. Vad är skillnaden? Det är väl precis det jag gör nu, i princip, utan ryggrad. Men här finns ingen frihet. Här finns en överflödig scenografi och teater utan teater, vin utan vin. Fönster och löv som endast faller mycket sakta mot marken, helt utan åthävor. Inte konstigt att jag blir psykotisk av lugnet, som aldrig varit mitt modersmål. Det enda jag har kvar är min obarmhärtiga strävan och när den ömsar skinn förblir jag endast minnena trogen, dessa minnen som ständigt förråder mig. Vem var jag när det inte var jag? Hon finns inte kvar. Då är detta inte jag. Då måste det här vara vem som helst.

Låt gå. Låt gå för att det är så.

Mitt språk är också min enda himmel. Jag har inga andra
svar, och eftersom språket är ett svar som jag själv har
uppfunnit i tomheten efter en Gud som aldrig riktigt funnits
där för mig, betyder det att jag inte har något svar alls,
utöver mitt eget huvud. Och det är som bekant inte särskilt
tillförlitligt. Saknar: mars. Spårvagnsfärder in mot staden,
en enda kväll till, ett enda ljus, en enda väldigt spröd känsla
i bröstet som snart ska brisera. Men här råder stiltje. Jag är
så djävla duktig att jag vill lägga mig ner på golvet och
parafrasera dåtiden med tandagnissel. Men sitter kvar.

Inga tårar, bara sömn. Ett stillsamt uppvaknande till
ingenting alls. Bara ännu en dag av många. Var det så vi
skulle leva? Vilka vi, jag är jag. Är jag? Nej. Men jag är inte
vi heller. Finns inget vi i mitt jag.

Det händer att jag saknar den torftiga sammansmältningen
av spårvagnsfärd och leda, att jag tänker på att passera
gränsen och uppgå i stoft. Att jag minns innehållet i alla
mina tygkassar, hur billigt vinet var och att jag inte tappade
bort nyckelknippan en enda gång. Men då var jag redan
gammal. Jag var ung i en annan stad. Därför tror jag ännu
att tiden är kaosartad snarare än kronologisk och händelser
cirkulära snarare än urskiljbara entiteter. Allting händer
igen. Då är det sant att vi alltid blir unga i mars och faller
samman i ropet efter en skymning som åter inträffar fastän
den aldrig hänt förut. Då ska vi knyta våra knogar till fickor

för sången och låta orden stå orörda. Nej, aldrig kan jag springa exakt lika snabbt utmed precis en sådan trottoar, men varje del av livet är också en övning inför resten. Allt vi har är en återstod. Så har det varit sedan den första dagen. Då kommer nya tygskosteg, inte lika flyktiga som de första, men mjukare i sitt dunsande mot marken. De uppblötta håligheterna är fulla av regnvatten och sorg. Aldrig har jag varit gladare än ett två tre steg och lyfta. Om jag hade ägt såhär bra hörlurar för flera år sedan hade jag dött av lycka, men de fanns inte då. Det är nya tider, likadana som de uråldriga. Bara tekniken är ny. Hjärtat gammalt.

Allt vi har att leva på är rester ifrån alla drömmar som skavts av medan fantasilösa människor reste vidare in i självklarheten. Låt gå. Jag ska inte störa. Låt mig inte kullkasta medelklassen med mina sagor om tång. Jag minns knappt vem jag var invid havet. Det var inte jag.

Nätter som övergår i dagar. Minnena av universitetsstudier intresserar mig inte, eftersom jag knappt var där. Det måste varit tusen år sedan. Jag var inte där. Jag var ute i ljuset och vandrade, alltid ett halvt glas ifrån evigheten, med kaffe och cigaretter. Jag hade ett narrativ att följa och underkastade mig det. Vi var alla. Låste upp dörren sent eller tidigt, hämtade nya ägg att äta i farten. Sanningen om människan måste komma till henne långsamt, på ett sätt hon kan förstå utan att söndras. Till mig kom insikterna fort. Jag reagerade innan jag hunnit inse och förstod medan himlen redan stod i brand, för att uttrycka mig kvalmigt. Det vill säga: att jag aldrig begrep vad jag tog sönder, inte innan jag gjorde det, och inte under tiden. Det var mars. Jag var tvungen. Sedan kom ledan och oron, tillsammans med insikten om vad jag gjort. Men då var det alltid försent, som det nästan alltid är vad gäller allt. Lite för sent.

Det händer att jag saknar kyssar i trappuppgången utanför psykologens förra mottagning och stuckaturerna i taket där. Att jag minns mina armars omfång innan jag blev en sådan som sover för att vakna utvilad. Då fanns bara strömmen. Nu finns allting utom den ryckande känslan i stegen. Ingen har promenerat som jag – och ändå har jag slutat. Har ingen promenerat då? Eftersom stegen inte finns kvar. Är trött på att uttrycka mig i negationer men de är allt jag har. Allt det som inte är, som inte har varit och inte ska bli. Ursäkta, men sanningen är sällan behaglig. Den är vad den är. Ganska flagnad längs kanten men rund invid mitten. Gul och stor och förfärlig när den rullar in över land. Det är ljuset jag saknar, men inga människor. I mars gick jag alltid ensam och svor invid nyfimpade trottoarer, som en dröm om den första våren. Det händer att jag saknar det spröda ljuset i mars, lögnerna om fingervantar och ljuset som löpte längs rälsen i Vasagatan då, men nu går ingen där. Inte sedan jag gick därifrån.

sömn kommer

gradvis

lever utlämnad åt omfånget av november,

som om detta var Palermo

det är Hisingen

taxin bromsar in och visar sig innehålla en granne,

bron är avstängd

vi åker ändå

det är alltid natt

det är en dröm bortom hamnarna,

invid havet

jag kan cykla som en människa

och ändå vakna helt ensam

är bara kvinna invid sorgen,

i talet och med mina händer

annars könlös parodisk lite trind, som galenskap på prov

jag är galen i det att jag behåller mitt sargade förnuft, galen

som alla människor när vi envisas med att inte ge upp

släppa taget om frasiga vantar

det är en av alla dagar

då ljuset tillåts omfatta håligheten

är fantastiskt lik mig själv, men det är inte jag

då är vi främlingar,

inför våra egna lögner

inuti språkdräkten känns natten sval

i fem timmar

låg jag omsvept

av svettig rygg och låtsad värme

detta är natten

det är mitt jag

nu buktar tiden ut av obrukbara timmar

berättelse ropar:

stopp

försökte göra tiden längre än livet

men det går inte

eftersom tiden är allt vi har

jag har varit ensam på många platser

ensammare i sällskap

och fullständigt tom

inuti språkbruket gick jag förlorad

intill den stund då jag sjönk

och inte skrev

det var då jag visste hur sjuk jag var

sedan vaknade jag

och skrev

Nu när natten faller tung ska jag befästa att jag återigen är en människa, vilket är samma sak som att säga: att jag fortfarande är galen. Boken är skickad, dåtiden överspelad, natten snart förbi – och likväl andas jag som någon som väntar sig att dramatiken när som helst ska storma in genom dörren och kolonisera tillvaron. Det vill säga: att jag fortfarande är labil. Det finns inga stormar som kan rida ut mig. Jag har suttit vid bord, på stolar, på kaféer och barer, i bibliotek eller inuti gränder, och skrivit till förbannelse. Det finns inget slut. Det finns alla dagar och de tar inte slut förrän de tar slut, och inte förrän då slutar jag att skriva, utan att ha uttömt mina ord. Jag har blivit gammal och är på väg att bli äldre. Ändå finns det ingen stiltje. Har slutat att leta efter stiltjen i mig. Den gick någon annanstans. Jag hade kunnat vila om jag orkade bry mig, men jag älskar texten för mycket för att neka den att brista igenom. Alltså skriver jag trots att jag skickade ett manus igår, och trots det är jag inte harmonisk – eller tack vare det – för texten föder inte lugn, den leder bara vidare in i en omöjlig kamp för att fånga en ogripbar sanning som aldrig går att nå. Sådan är natten, och sådan är jag, och därför är texten sådan. Kan vi minnas att jag en gång dansade.

Natten är tunn. Jag har begränsat mig länge nu, slipat kanterna i sand. Som om det vore farligt att vara taggig. Det är det. Människor blir mycket rädda, avskräckta, mycket illamående. Det är när jag glider lite i kanten och glömmer maskeraden som det uppstår ett hål. Man belönas så länge man rör sig inom gränsen men det är så lätt att begå övertramp när man befinner sig där. Jag har aldrig hört till; det är inget nytt. Har försökt att ge upp till förmån för medaljer men det kommer aldrig fungera, och nu är jag bortvald igen, på väg mot min frihet. Det är en rakt igenom nödvändig rörelse. Jag har lärt mig viktiga saker, men inte alls sakerna de trodde. Jag har lärt mig om hur så kallade vanliga människor lever sina liv och det kan vara väldigt användbart att veta. Jag ser fram emot att återvinna min aparta ambivalens. Det är skrattretande att tänka sig att jag nästan glömt, nästan smält in, nästan (inte) kommit undan. Det kan inte fortgå.

MIDVINTER

DECEMBER

Nu står svaren skrivna i sten. Jag saknar parken som man kan sakna en vän som just har gått därifrån, ut genom dörren för att vara under stjärnorna. Allting finns väl kvar. Ändå skaver veckorna mot varandra i sina kontraster. Jag lever undflyende och parafraserat, en vettvilling under alla dessa väl tilltagna lager av hud och bomull. Jag måste snart bli arg, mest av allt på mig själv, för hur jag tillåter att allting fortgår. Tegelkropparna står täta. Det är återigen december, den tid då jag vandrar fram och tillbaka genom en tät och mycket fuktig passage, endast i sällskap av stråkar. För ett år sedan korresponderade snöfallet med mitt sönderfall och jag stängde dörren i en vecka, i väntan på fortsättningen. Här finns varken tid för reflektion eller sanning, och inte för den vackra lilla lögnen, allting bara pågår, rakt in i evigheten. Målaren kommer kvart över sju. Vi är nästan vänner eftersom ingen orkar upprätthålla en mask, i plötslig allians mot bostadsbolag och samhället. Ändå stressar hans närvaro mig för jag klarar inte att möta någons blick, inte mitt i vintern. Klär mig varmt för att jag tror det ska bli kallt, men ingenting är som det ska, inte ens temperaturen förser mig med en ursäkt för att hålla mig undan. Kämpar på som det anbefallts oss. En sträcka jag tillryggalägger utan att veta varför, för att gå och ha tråkigt. Som med allting i livet når jag till en gräns där jag inte står ut, när uppgiften blivit alltför enkel. Då lägger jag krokben för mig själv i hopp om att finna svårigheter.

Är så van att skriva dramatik att jag inte accepterar stilleståndet, van att redigera scener, jag menar i livet. Är i fel bransch; det är därför jag dramatiserar min privata tillvaro. Stod på terminalen och sade "jag vet inte om jag åker" fastän jag såklart hela tiden visste att jag skulle åka, alla goda och onda råd till trots. Det har gått ett år. Min mor blir orolig när jag säger i telefonen att anställningstiden snart löper ut, eftersom hon fruktar att jag ska bli mig själv igen. Bara tröttheten kan tygla mig men tröttheten blir aldrig tillräckligt stor för att övermanna det grundläggande behovet, av att leva. Jag menar inte det tillrättalagda liv där rutinerna urholkar själen, utan det liv som jag vet att jag äger förmågan att insupa med hela mitt dumma väsen. Jag är en sådan människa som kan se älven flyta förbi nedanför och skönja text däri. Alltså kommer jag aldrig att få tråkigt, så länge jag har tid. Att vistas i samma rum hela dagarna är de facto att hållas inspärrad; jag vet inte varför vi låtsas som att det inte är så, eller jag vet, men orkar inte omfamna hela insikten nu eftersom jag bråkat tillräckligt. Det finns ingen mening med att anklaga någon annan. Skulden är min.

Himlen vagt rosa på väg till förskolan, i en tunn strimma mellan hustaken och de mörka skyarna, ett minne av asfalt och sorg, ensamma vandringar genom de judiska kvarteren, allsång bortom skymningen och en nitisk tandhygienist som sandblästrade hela mitt ansikte tills kinderna blev släta av tårar. Jag ska minnas dagarna som en tunnel. Passera spårvagnshållplatsen, köpa nässpray på Coop, kryssa genom vägarbetet, förbi thairestaurangen, in genom grindarna och utbyta alla artiga hälsningar.

Jag är en mor bland mödrar, en sådan som lämnar och hämtar barnet vid givna tider, sköter sin del av maskineriet. Det är inte det att jag tror att barnet behöver mig; hon har skaffat ett eget liv. Frågan är vad jag behöver. Att stryka hennes runda kinder under tusen vinterhimlar. Det finns så mycket tid som vi inte har kvar, som inte kommer tillbaka. Jag förstår inte varför vi måste göra om samma döda saker hela tiden. Vi sitter på möbler, täckta av lågmälda textilier, och underkänner ansökningar i ett försök att frambesvärja ett skydd mot evigheten. Dagarna blir till veckor som följer samma strida ström, på väg mot en drunkningsolycka. Det är klart att jag måste dramatisera tillvaron, för att veta var jag är. Att den finns. För att skilja veckorna åt.

Det finns människor som anammar tidens gång eller inte tänker på den, men jag fungerar inte så. Jag ser ju att veckorna går och tänker intensivt på hur årstiderna djupnar in i varandra och upplöses. Kan bara stanna så länge det finns en öppning, en möjlighet, en utmaning, en lärdom, men inte för en ekonomisk utsikt. Fastän det är exakt vad jag har gjort. Nu orkar jag snart inte låtsas mer.

Det första tecknet på ett insjuknande: man slutar gråta.

Längtan efter att falla i gråt, om så bara lite. Jag har aldrig gråtit lika mycket som på vägen hem från en fruktansvärt misslyckad resa, genom lördagskvällen inuti ett flygplan. Jag grät så att jag knappt fick luft och oroade därigenom medpassagerarna å det grövsta, men de kunde inte veta att jag var lycklig. När någonting når igenom. Jag är inte rädd för känslor. Jag är rädd för döden och den är allt jag är rädd för, den fysiska och själsliga döden, stillaståendets långsamma avlivande av myten om någonting större. Nej mamma, man måste inte växa upp, inte på det sättet. Livet är sorgligt men tårar är vatten.

Det är klart att det är nyttigt för mig med rutiner. Är det? Vinterns tangenter är fulla av sand. Det nyttigaste för mig vore att få iaktta årstiden från mitt eget fönster, att besöka världen långsamt. Klarar inte av att fokusera på det jag egentligen vet att jag inte borde ockupera min hjärna med. Tror jag mig vara förmer än detta livet? Må så vara. Det enda jag orkar med är sanningen, och den vackra lilla lögnen. Det är december.

Allt jag minns är steg som följer på steg genom tätbebyggda stadskärnor, upplysta slottsruiner på flodbankar med utsikt över moderna brofundament, människor på parkbänkar som talar förtroligt eller skriker, överallt cigaretter. Jag besitter ingen lust att fortsätta leva inhägnat. Jag behöver hårsmån och silversked, slagträ och slägga, kana på gränsen mot kanten och skratta när jag än en gång överlever genom att äta sopor. Det finns ingen skam i att leva, finns bara skam i att låta sig dö. Jag låter mig dö. Har rört mig mot döden ett tag, eftersom jag varit uttråkad. Det är sådan jag blir. Galen. Jag hade så tråkigt att jag var tvungen att orsaka lite oreda. Nu stirrar jag på den gråblå himlen och tänker att den kommer att vara mörk igen när jag kommer ut. Lyssnar på samma låt femton sjutton tjugofyra gånger och räknar hur många fingrar jag har att skriva med. Precis lika många som i fjol. Då borde det inte vara något problem att: skriva.

Poängen är att det inte spelar någon roll vad jag gör. Harmonin är inte för mig. Jag kommer att vara ungefär lika emotionellt ostrukturerad överallt, men med större eller mindre variationer, och då föredrar jag när vågorna går höga. Stillsamheten gör mig rasande. Här är jag varken glad eller ledsen, medan tomheten tilltar. Alltså måste jag fylla den. Alltså gör jag det, på det enda sätt jag känner till. Odlar ivrigt varje ansats till personlig undergång. Det är inte som det låter, det är på ett helt annat sätt, men jag tänker inte berätta vad jag menar, bara antyda att jag inte menar allt jag säger, att jag inte vet vad jag ska tro, att jag kan tänka mig att skriva vad som helst till vem som helst i skydd av natten bara för att skapa orkan.

Det första tecknet på ett tillfrisknande: man börjar dansa.

Jag vill att texten ska flyta som stråkarna genom mig, för att förstärka upplevelsen av cykelvägar och busshållplatser. På vintern kan man iaktta andra människors förehavanden genom upplysta fönster. Då behöver man inget eget liv. Jag fokuserar på kranarna i hamnen, lagstadgad ledighet och vilka meddelanden som helst, så länge de är understödda av desperation. Jag orkar inte med människor som inte är desperata, i någon form. Det är inte ett negativt tillstånd utan en fråga om att orka inse sitt behov av att: leva. Jag ankom till lägenheten sent på kvällen och tände vissa lampor, lade mig på ena sidan av dubbelsängen. Den andra innehöll tomhet. Utanför hukade minusgrader. Varma kläder för att kultivera känslan av isolerad entitet. Har det varit vinter förut? Då satt de vita hararna på rad utanför bensinmacken och inväntade ett svar från mig. Jag gick hem och öppnade en flaska vin. Jag torkade av alla ytor och lämnade instruktioner på bordet, lade nyckeln i en snötäckt blomkruka och var återigen försvunnen. Det är inte det att jag vill försvinna, jag vill bara inte att någon ska veta vart jag går. Vem jag är. Jag önskar att få sjunka genom alla lager tills min hud ligger blottlagd igen, att jag ska befrias från mitt menlösa bomullshölje. Det finns kroppsdelar som förtvinar om de förvägras sin rätt att röra sig enligt anvisningar från musiken. Jag har lust att skrika litegrann, helt lågt. Vråla en liten förbannelse – en räddning.

Det första tecknet på läkning: man faller isär.

vi har redan förutspått allt
allt som händer från och med nu
har vi redan förutspått
utan att veta om det

det enda som är fel

är att du inte
hur kunde

vi har redan genomlevt allt
har redan eldat upp de bostäder du talade om

så varför är jag kvar här

och inte i Galicien, Asturien
invid den nödvändiga Atlanten

säg mig
varför i helvete
jag är kvar
här

vi har redan förutspått allt

och därigenom fördjupat domen

allt vi har är
söndriga tänder
så varför
är den här vintern

precis som alla andra vintrar

vi skulle ju vara
i rörelse
sitter fast

som du sa:
för att undvika döden
eller undkomma livet

jag vet att det har att göra med min rädsla
men vad är ditt försvar

för att du övergav oss
mitt badkar är inte djupare än förut
men ändå känns det så

vi har redan förutspått allt
så varför gör det ont
när profetiorna går i uppfyllelse

för att jag faller

fastän jag följer mitt narrativ
närmar mig mina drömmar

utan att någonting förvandlas till det bättre
det var ju bara ett test

jag skulle bara prova

om det gick att bryta upp
sådant som inte går att bryta upp

det här är ett missförstånd
här ska jag inte vara

vi har redan förutspått allt

verkligheter blev till verkligheter som blev till verkligheter

det är helt följdriktigt

att jag är kvar
här

men till vem ska jag skriva texterna

har du glömt de här människorna
du har glömt de här människorna

dom sa: det går alltid att börja om, med allt

dom levde *alltid här*

dom var lite trasiga, lite borttappade, *lite* borttappade
som en vind

dom var vackra

aprilsolens höga minne över en jävla pakethållare,
blödande fötter och svarta silkeshandskar

det är svårt att leva i efterdyningarna
av sitt döende narrativ

dom fick en utbildning
dom fick ett jobb
dom fick kärlek

du fick

alla glömmer till slut

dom här människorna

var det så längesedan

var det
var det att lönen kom

dom blev galna och dom blev galna på riktigt
dom blev sjuka och dom blev sjuka på riktigt

jag blev

jag minns den sista dagen när jag sa:
det måste ha funnits en första

BÖRJA OM MED ALLT NÄRSOMHELST

kanske för att se om dom stod ut

kanske för att undvika döden och kanske
för att undkomma livet

kanske för något helt annat
kanske mot sin vilja

vi har redan förutspått allt
har vi redan förutspått allt

varför kunde vi i så fall inte se

varför är jag kvar här

jag vill lyssna till Atlantens dyningar
som drar in över land ikväll
jag behöver den blöta sanden
för att bota mina torra händer

jag måste tänka en stund

vilka bostäder är det du vill bränna

springa tills jag sprungit ikapp allt
som kan påminna mig om

dom där människorna

om du någonsin älskat mig
skulle du förstått

vem jag är

vi har redan förutspått allt

varför är jag kvar

här

Tidens tunna hud som inte består av ett förfall, det är bara
tiden som inte går, det är bara det att allt ni kallar guld
består av ett smutsigt snöfall som genast bleknar mot asfalt
och avgas. Det är bara det. Ingenting mer är det.

Än att ni jagar efter döda hundars andetag som ska
glömmas av sorg. Varför förkastar ni livet? Min tunna hud
glömmer aldrig. Nu gör det ont, att vara levande.

Bland skumraskgator finner jag mina närmaste
själsockupanter. Kalla det litteratur. Det ni gör är statistik,
positionering, gamla anor, djävla trams. Det ni gör är att
mäta era litterära penisar.

Tidens tunna hud är inte mitt hölje. Jag vandrar genom
tiden som spöken genom sand, obehindrat och vårdslöst. Ni
kallar det konst. Jag kallar er konst för: brist på liv.

Brist på liv, brist på insikt, brist på kameleontskap, brist på
arbetarklass, brist på samhälle. Brist på mig.

Skulle lyssna men satt intecknad av ilskan och ifrågasatte
ursprunget. Ni skriver inte bättre än jag. Ni skriver exakt
likadant, men utan grund. Då kan jag vara er. Men jag
saknar gamla efternamn. Jag drar mitt namn i smutsen.
Mitt namn är stulet, liksom mitt jag.

Till och med alltid skriver jag bättre. Det är hybris. Det är sönderfall. Det är min rätt. Till och med efter tolv glas vin och ett jordgubbsland. Om jag vore sextio år med cigaretter och en utnött stämma. Er poesi utgörs av chimärer. Ni frågar: är du mycket i kultursvängen? Ordagrant. Dra åt helvete. Jag svänger bara dit jag måste. Tidens tunna hud glider mot mina tänder, mot mitt sköte, mot mitt jag. Er poesi kommer också att blöda när ni fallit sönder. Intill dess är era dikter pinsamt lika: idioti.

Nattliga varelser, nattligt liv, nattliga samtal, påminnelser. Vi skymtar på håll i en oändlig och fruktansvärd vinter. Jag sitter vaken och ser på mina händer. Det finns ord som rinner utmed gatorna tills lögnen bara blivit ett annat sätt att tala sanning på. Jag är så trött på skådespeleri, fastän jag älskar det. Men inte så. Inte hålla samman när man faller isär, inte ljuga och nicka och le och skratta och låtsas att det någon just sade är normalt, när det är det konstigaste som någonsin sagts. Människor helt utan klimatångest, utan insikt om sina privilegier, utan insikt överhuvudtaget, instängda i sina egna uppblåsta huvuden, människor med månadslöner som övergår förståndet, människor som inte begriper någonting. Jag rör mig genom fler samhällslager än vad som är brukligt och snavar överallt, på mina egna tomma fingrar. Till slut återstår det bara en röst i natten som säger: jag läste. Och det betyder allt. Då har allting en mening. Om mina ord en enda gång når fram, till en enda människa. Då har jag fått allt jag någonsin önskat.

Våra hudar är tomma skal som långsamt märkts av sin historia. Det har aldrig varit mörkare än såhär utanför varje upplyst fönster. Årstiden viker sig runt sig själv, och jag tänker på alla vintrar som lagrats mellan mina trötta skulderblad. Jag slutade fira jul, och började, och slutade. Vintern är inte ens kall, den är mörk och fuktig som en källargång mellan olika perioder i människan.

Mullvadsvaknar under alla täckena och stryker den lilla kroppen intill mig, som blivit till en människa. En liten människa, men en människa med en stark och fungerande kropp som stretar. En perfekt liten människa. En människa som vill allting och kan nästan allt.

Älskling, du finns så väldigt mycket. Finns till mer än jag. Dina flätor har suddats ut av natten. Du ber om att få sova mer, för din längtan är ännu oförställd och kantas inte av någon skam. Du vill vila dig lite till. Ibland vill jag stanna tiden ett ögonblick för att verkligen ta in allt du säger till mig. Du tror fortfarande att armbåge heter regnbåge. Du berättar för mig hurdan världen är. Att man ska äta frukost i pyjamas och sedan ta på sig kläder, att man kan önska sig en bebis av tomten, att vida kjolar är till för att snurra i, att man måste ha hårda stövlar så att de inte ramlar av, att stolar ska vara röda och sängar små, att en stor tjej borstar tänderna själv. Att du finns.

Du klarar och jag klarar inte. Mitt mörker tilltar i takt med december och jag sträcker orkeslöst handen mot koppen, men nästan inte ens kaffe fungerar. Jag minns för tre år sedan, ett annat liv, min mage stor och klotformad under uniformskjolen, ändå inte så stor som den borde varit. Dina envisa fötter mot mitt innanmäte. Det har inte ändrats; fötterna är desamma. Bara större. Men du sparkar mig fortfarande i magen om nätterna. Du tar upp en massa plats i sängen och vaknar och skriker i sömnen att jag måste leta upp en viss napp med ett visst motiv bland hundra kuddar och gosedjur, innan du belåtet sjunker tillbaka ner i din sammet. Jag kan ta på dig nu. Jag kan se dig. Jag kan höra dig. Det var allt jag önskade. Att du skulle finnas. Och du finns.

Jag drack inget kaffe den vintern. Jag låg på hallgolvet och grät, när du var den enda som hörde. Tröttheten var större än döden. Så är det varje år, särskilt för gravida kvinnor. Ensamheten lika stor som nu men av ett annat slag; ensamheten är konstant i vissa människor. Jag klagade inför dig och kanske var det enda gången i mitt liv jag inte varit ensam, för du fanns, och du var alltid med mig. En hemlig beskyddare innanför naveln som reste med mig genom de långa tunnlarna mot Bergsjön. Kvällspass. Jag sjöng för dig i mörkret, långsamma visor. Jag väntade på att få se dig. Du låg omsluten av vatten och övade på livet. Du visste redan att du skulle bli bra på det jag alltid varit dålig på: att leva.

Våra fingrar krokar i varandra i sömnen, kropparna lägger sig som de är vana vid. Vintern för två år sedan var du fortfarande en bebis invid min mage, och jag hade redan tvingats lära mig att sova utan dig hälften av tiden. Jag såg dig i din röda julklänning men du var inte längre min. Jag var främlingen, den som reste igen innan natten kom. Ett hålrum vid min navel. En plats där du borde vara.

Våra energier går emot varandra på dagen för jag orkar ingenting och du orkar allt, men på nätterna är vi mamman och barnet, barnet och mamman, är vi lika nära som för tre år sedan, när du fortfarande bodde inuti mig. Så svårt att förstå nu när du är en i högsta grad egen varelse med egna stora tankar, som nästan inte ryms i dig. Fantasin växer snabbare än kroppen. Och jag bleknar. Hur mycket liv kan komma ur död. Hur mycket som helst.

Julen för ett år sedan var vi på samma plats, men jag var inte där i tanken. Uppeldad och litterär, glödande neurotisk. Jag skyndade genom staden med gift i blodet, på väg bort, på väg hem. Åkte till tryggheten bara för att sjunka djupare, jag satt på golvet om nätterna och grät, jag sov ingenting. Hoppades att du inte skulle höra. Du sov, som ett barn. Du var ett barn.

Och i år ser jag ingen mening med julen, för det är julen utan dig, och jag är ingenstans. Jag befinner mig i dvala.

Min hud har tänjts ut till en livlös duk. Här behövs jag inte. Täcket blir en sarkofag. Dina fötter sparkar mot mina lår, mot armarna, mot tiden. Jag ska krama dig om tre år och om fem och om tio. Det finns ingen gräns för min kärlek till dig, men jag visste inte att det skulle göra såhär ont att älska en enda liten människa. Jag trodde att mammor var de enda människorna. Jag trodde att vi alltid skulle vara lika nära som i tunnlarna upp mot Bergsjön och tillbaka, där min röst var den enda som någonsin sjungit för dig, en melodisk ledtråd om livet som ännu väntade. Jag trodde inte att mammor behövde bevaka sin position, visste inte att de kunde konkurreras ut, jag var naiv, jag trodde att mammor var unika, jag trodde att jag var den enda som skulle få älska dig. Vintrarna bildar ett skal av utnötta hudar, och jag har aldrig haft en sämre hud än den här att täcka mig med. Jag går under i ett hav. Om jag åtminstone hade ett spårvagnsnät att trösta mig med, som om förlusterna skulle vara enklare att bära i en vändslinga, ljus som släcks och ljus som tänds och ljus som dör ut, pulserande vagnar över Göta Älvbron, jag tror att uniformen påminde mig om dig. För du växte fram under en uniformskjol som satt allt stramare, och sedan hände det som händer alla mammor och barn. Förr eller senare. Mammorna inser att barnen inte tillhör dem, att de är egna människor, att allt mammorna har att hålla fast vid är vissa varma andetag om nätterna, vissa sparkar som dröjer sig kvar, vissa bråk som måste bråkas, vissa yoghurtburkar som flyger, vissa arga skrik, vissa brottningsmatcher i hallen, vissa stunder när mammorna inte orkar höra sig själva tjata mer, vissa gnuggade näsor, vissa strödda ord, vissa bågar som slår i en kant och blir till tårar, vissa vintrar, vissa morgnar, en blinkning innan mammorna står ensamma igen. Som om ingenting hänt. Bara tiden.

Våra hudar är tomma skal som långsamt märks av sin historia. Det har aldrig varit mörkare än såhär utanför varje upplyst fönster. Jag vet inte om det är snöflingor eller regndroppar, det spelar ingen roll. Min hud viskar att en gång var jag inte ensam, en gång var jag med dig, en gång var vi en enda pulserande organism som forsade genom tunnlarna upp mot Bergsjön, och inte visste min spruckna röst som uppfann en vaggvisa åt dina första språng i det varma fostervattnet att det var crescendot jag sjöng, att gemenskapen aldrig skulle bli större än just då och att moderskapet inte är en väg ifrån någonting alls, bara en väg in i ett djupare liv, med högre insatser. Jag firar inte jul i år.

Nätternas skepnad byter plats med namnet på tiden. I vinterns nätter blir staden en annan, full av rinnande väsen. Vi dalar mot cementgolv, forsar genom årstiden för att spolas upp på andra sidan - som om man alltid måste dra sitt djupaste andetag precis innan ytan spricker. Jag har sett den här staden och sedan sett den igen, åkt med taxibilar till alla sorters adresser. Jag har förväxlat mitt namn med namnen på åren och gatorna. Jag har låtit musiken ersätta tankarna. Rörelsen är en gammal passion; bara när jag dansar är jag sammanfogad med alla de kvinnor jag varit och ska bli. Det var Berlin 2013 och Hisingen varje vinter, platsen spelar ingen roll, jag minns inte vem jag var innan jag började dansa. Det var kväll och det var morgon och någonstans däremellan ägde livet rum i all sin fabulösa ledsnad. Pulserande artefakter av hundratals splittrade narrativ. Ögon som såg och såg bort. Händer grep efter varandra och släppte. Nu ska jag vila.

VÅRVINTER

SUFFRAGETTSTUDIER I

Ni kan stirra på hysteriska kvinnor i hela era liv
ni kan stirra och aldrig förstå ett skit
ni kan stirra och tro att ni vet vad ni ser
ni kan blänga och glo med spott och spe
ni kan haffa hysteriska kvinnor i hela era liv
gripa och fånga och ta dem med kniv
ni kan tro att det funkar att låsa in dem
vem ska då sjunga morgonens lov på vägen hem
ni kan förakta hysteriska kvinnor i hela era liv
missförstå deras psalmer och konfiskera tårar på pin kiv
kalla dem hispiga, alkoholiserade och vulgära
aldrig fatta att på hysteriska kvinnor biter ingen vanära
ni kan skrämmas av hysteriska kvinnor i hela era liv
peka och väsa fram dimridåer kring egna dunkla motiv
ni får gärna fortsätta baktala och förgöra
den som nyss viskade vaggvisor bakom barnets öra

för vad ni aldrig ser
är rummet i den tysta tonen
där allt som sker
bara händer en gång på miljonen
och vad som stör
är vad som försiggår därinne
under timmarna då hon inte utgör
någon annans förlorade minne

Hysteriska kvinnan med hatten på sned
river ner himlen varje gång hon ler
saluterar en valross och kokar spik på skatten
hon lever på dagen, hon lever på natten

Ni kan avundas hysteriska kvinnor i hela era liv
självrättfärdigt vråla om hysteriska kvinnors anomali
ni kan glupa och rota och fiska och famla
men vid era fötter ska vi aldrig mer ramla

SUFFRAGETTSTUDIER II
(hommage till en kvinna jag nästan gifte mig med)

aldrig stämma, alltid vara
för mycket, överallt

eldfängd och klaustrofobisk hjärna
letar utvägar, finner omvägar
det är inte staden älskling
problemet det är du

skriket har blivit en ros i halsen
fem trappor upp i vårens första sol
du har märken på knäna och handen
benen bär nästan inte hela vägen hem

aldrig passa
alltid rinna ut
längs kanten
passera den

du samlar lågvattenmärken som simborgarmärken
natten alltid lite mörkare än den först såg ut

sammetslen och schavotterande tunga
du biter lika tvärsäkert som du ler
försöka finnas till för någon annan

tomrum efter nätter som inte längre är

skrubbsårsmedaljonger under söndrig strumpbyxhud

trampar uppförsbackar med vacklande steg

hur ska man kunna gå när man inte ens kan stanna

dit du går kan ingen följa med

aldrig finna

alltid famla

leva vårdslöst

falla hårt

ska skulden bestämma vad du kan göra

du odlar en trädgård i ditt huvud

men låter ingen besöka den

till slut kanske benen bär dig hem

samlar lågvattenmärken som simborgarmärken

visst har havet fått en saltare smak än förut

allt du dömts för är sådant som kan hända

om man glömmer andas bara en minut

snubblar för långt in i rollen

kanske benen bär dig hem till slut

SUFFRAGETTSTUDIER del III

För alla oss som stångar
pannorna blodiga
som blöder
vårens första sav

För alla oss som flutit
genom vinterns
kalla nätter
utan att nånsin flyta klart

För alla oss som drömt
för grandiost
och måst lära att det inte gick
vi som jämt fick höra att vi inte fick

Vi ska brinna genom ännu en vår
droppa sav på blöta gator
ska färdas genom ännu ett år
på det enda sätt vi tror på

Har slösat tid på ingenting
extra allt och ändå inga pengar kvar
för att hinna med i andras spring
har visst glömt jag sa
att

Frihet smakar mer än mat
att se på den här stan
om jag får promenera långsamt
då var det en bra dag

ja, får jag ströva långsamt hemåt ett tag
då var det ännu en dag

Måste välja den krångliga vägen
men det är inget val
om det inte kallas val
att välja att ens orka finnas kvar

Kan inte gå med på era krav
men det är inget val
för jag vet helt säkert att jag dör
om jag försöker stanna kvar

Fattigdom bland älskade dårfinkspoeter
är värt alla olyckor och torftiga dieter
bortom fakturerade strukturer
jag samlar bara minnen i strukturerade frakturer

Huden är en karta över tider
som gått härifrån
kroppen är ett efterlängtat hem
att återvända till, långt bortifrån

Men hellre hysterisk
än fången och stum
hellre skum och poet
än stel och spikrak

För alla oss som aldrig kunnat stanna
som därför ständigt hopplöst börjat om
nu blir vi bara äldre
men vi blir aldrig riktigt gamla

nu blir vi också äldre
men såna som oss blir aldrig riktigt gamla

Lägg mig mellan vårens blad
vi flyter lätt som sav
om jag får promenera sakta
då var det en bra dag

SUFFRAGETTSTUDIER del IV

Är det vårens första nätter

som rinner genom oss

nu

du

tar min hand

syster

vi står på gränsen

kastar sedlar i havet

för att

tomma fickor låter fula flickor

tigga ett glas till

från en förbipasserande

estradör

är det himlens sista lättnad

som bultar i oss

nu

syster

vet aldrig vilka våra svar ska vara

för vi känner inte igen rösterna

som tränger fram ur strupen

du

somnar i ett trumset

dit jag aldrig kom

tillbaka

är det vinterns sista minnen som längtar efter oss
vi skulle glömma staden och lägga oss ner
men staden har inte glömt oss
den ropar

du
kastar färg på ett papper
jag nedmonterar lagtext
för att bygga ett rättsläge som bättre passar
mina fullmogna synder
vi
vinner
aldrig
nu

syster
jag ville skriva en enklare dag
bara låta oss sova
lite
du
vaknar i ett trumset
jag har ingen kajal som kan rinna i kanten
men läpparna
är röda som
skymningen
för att märka ut
glömda jaktmarker

är det tunnhudade himlar

som just har börjat falla ner

jag hör trottoarerna forsa

det brusar i oss nu

fotsteg i mungipor som glider undan

du

håller min hand så hårt

men jag har ingen balans

syster

kunde vi inte hjälpa varann

är det vårens första nätter

som sviker

redan

nu

SUFFRAGETTSTUDIER del V

I avsaknad av vinterns mörker
måste vi lita på sångerna nu
våren kommer alltid snabbare
än någon anat
men det är inte så enkelt

konsten är bara konst
livet bara ännu ett liv
i raden
tid nästan alltid tid
som gått
härifrån

i avsaknad av mörkret
blir jag rädd för ljuset

hur ska man lita på berget
när berget står på lera
har byggt en stad
av halmstrån
bränt älvbroar i båda ändar
som om avsaknaden av broar
skulle göra det lättare
att stå ut

i avsaknad av vinterns mörker
syns ansikten lysa under hundra nya solar
vi är inte kvar
vi är

vilsna i ljuset och lyssnar på sångerna
kanar mot årstiden utan stuns
låtsas leva med skjortkragar
bland gamla telefonnummer
din röst tröstar
men jag känner inte vem du är

februaritårar samlas
i kollektivtrafiken
jag sitter längst bak
för att komma fram
så sent som möjligt

stanna kvar
så länge jag kan
finnas kvar
jag känner inte vem du är

konsten är bara konst
livet bara liv
tiden verkar
ha gått härifrån

gick på dåtidens trottoarer
med väskan full av
motsatsen till uppbygglig litteratur
allt som river ner
det är allt jag vet
och alla mina tygskosteg
de dunsade som då
i dem kände jag vägen hem
men jag känner inte vem du är

våren ska komma igen
och göra lika ont som då
när himlarna spricker
som knogar
och broarna brinner
i båda ändar
vart vi än går
slår det lågor
kring våra fladdrigt byxbeklädda ben
vart vi än går
samlas tårar
kring våra sönderskrapade knän

vi var barn som blev vuxna för tidigt
och såna får det aldrig särskilt lätt
vi var konstnärer som såg konsten i vitögat
men aldrig vek undan från nattens balett

i avsaknad av vinterns mörker

tänder jag lampan i mitt tak

som att återvända från en resa

ett ansikte i spegeln

ser inte ut som jag

din röst tröstar på avstånd

men jag känner inte vem du är

försöker lita på sångerna

men känner inte vem det är

som sjunger

stanna kvar

så länge jag kan

finnas kvar

men känner inte vem jag är

SUFFRAGETTSTUDIER del VI

(för alla njurbäckeninflammationer vi ådragit oss medan vi
inte stod stilla)
dina rötter
leder inte fram till vattendrag
du är bunden i himlen
du är som jag

aldrig varit
men alltid velat bli
eld som tusen solar
månen skiner för Chapman ikväll

mina leder
är tömda på vatten men fulla av sand
jag är ankrad vid bädden
hittar inte fram

du är utspridd och utmattad
jag är schemalagd och tung
våra lögner är hudar
månen skiner över Chapmans torg

vad ska våren betyda
om den inte är ung
vi blev slitna i kylan
vi kom inte runt

jag är trasig och frusen

du är nedsövd och stum

vi gick vilse bland husen

månen skiner på Chapmans torg

vi har rest till alla städer

men aldrig blivit kvar

vi har älskat med fäder

vi aldrig velat ha

vi har rest monument

till minne över våra första sorger

vi har gråtit igen

utan att våga mäta omfånget

av alla sorger vi byggt

men låtsats inte känna av

vi skulle fortsätta framåt

vi hade inget annat val

än att täcka över lögnen

med ännu en fantasi

lögnaktiga flickor

blev tomma inuti

talar flytande inviter

utan att mena någonting

annat än att uråldriga riter

blivit gamla med flit

du är bunden vid himlen
utan balkong
jag sover vidbrättat vissen
i min kokong

kanske ses vi till våren
om den blir av
månen skiner för Chapman
men där är inte jag

SUFFRAGETTSTUDIER del VII

Har du nästan dött där i mörkret
har natten nästan läst färdigt dig
tog du nästan slut
när alla slitit ut
sin del av kakan
blev du ett parodiskt bakverk
alla ville äta
men sen orka ingen
ha kvar dig

våren ligger bakom hörnet
den viskar varligt
jag kan inte göra dig ny
men du kan bli som jag
cyklisk
återföds inatt älskling
fräser farligt
jag ska göra dig nästan fri

har du nästan försvunnit på havet
nästan gått under i barndomens sjö
lät vågorna dig svepas ner långt under ytan
blev du nån som hamnade bredvid
inte riktigt fick va med
i den initierande riten

ditt eget hesa skratt grävde en grop
tomma tysta sköten och
långa blanka nätter
blev du utan pulsen
som skulle genomströmmat dig
någon att förbarma sig över
bara främlingar förmår känna medlidande
med den som gör bort sig igen och igen

våren väntar bortom skogen
viskar varligt att
jag kan inte göra dig ny
men du kan bli nästan som jag
cyklisk
återföds inatt min älskling
fräser farligt
så ska jag göra dig fri

gick du nästan bort dig
i ett ingenmansland
väldigt många ansikten
men nästan inga minns ditt namn
det finns vänligheter
som aldrig nånsin hinner fram
grät du nästan tårar och skrek du nästan skrik
som aldrig riktigt trängde genom
om man vägrar se på smärtan kanske den inte bottnar

har du blinkat mot en lika ledsen sol

våren väntar oss därute

viskar varligt

ni kan inte få tillbaka början

men ni kan bli som jag

följa cykeln

dö i mörkret och födas på nytt

fräser farligt

drick mitt allra första ljus

ni kan inte ta tillbaka nåt som varit

men luta er ut

jag tar emot

natten bleknar

döden håller porten öppen

nästa vinter

kom, drick av vårens första regn

FEBRUARI

En stad kan vara alla städer, och klinga falskt av dem. Då blir gränderna desamma, nästan som Paris mellan husen, fastän jag aldrig bodde där på riktigt. Vad är verkligt ändå. Paraplyer finns men går sönder. På biblioteket är det fullt av föräldralediga mödrar med kladdiga barn och farbröder som stirrar rakt ut i intet, fastfrusna på en inbillad position - eller så är det bara som jag inbillar mig, för jag inbillar mig massvis. Månaden är en bubbla i en tid som inte finns, men även sådana tider är värda att älskas. Mellanrum. En stad kan vara alla städer. Det regnar som i Shanghai idag, fast kallare, men vårvindar friska skulle leka i ett pinjeträd vid dammen med båtarna om de fick, lika sorgsna och skymningsbenägna som någonsin. Minns mannen i kostym som sjöng från en gren. Det enda som hänt är att tiden har fortsatt vidare. Morgon på väg till tågstationen och cigarettröken låg tät bakom bagerier; det har hänt överallt. En kvinna i en kiosk påstod att jag såg ung ut, men i förhållande till vilken ålder? Alla händelser är dörrar till rum som öppnas och stängs. Har inte gråtit på hela dagen och det sörjer jag. På nätterna sover jag inte längre utan klöser istället min svettiga kropp och kastar den av och an på knöliga lakan. Sedan går jag upp som om kroppen tillhörde vem som helst, en fungerande människa, men jag dricker inget kaffe, inte då. Alla bär sina egna blekta minnen av mintgröna vårjackor i en eller annan modell, och män draperade i manchester. Endast musiken utgör ledtrådar som kan förklara hur det blev som det blev, eller åtminstone helt tydligt framkalla bilden av tunga regndroppar mot rutan på en inglasad balkong fjorton våningar upp, eller var det kanske tretton. Ett väggfast skrivbord vilket jag nyttjade som utkikspunkt och taxibilar, alltid taxibilar, i rader långt nedanför. Jag hade just köpt en gitarr. Det är betydelselöst. Jag lärde mig aldrig spela. Det är tyngt av betydelse. Blå plaststolar och starka grillspett, fuktig värme, alldeles för tydliga nyckelben. Jag tätade hålet i väggen med en csn-katalog. Det är väl inte så farligt att falla isär en aning, bort från sig själv och in i ingenting särskilt, genom regnet, samma regn. Känner igen hur mina steg rör sig under jeansen, som i alla städer. Det är inte mystiken som luktar utan den djupt inarbetade vanan. Vi hade inget fönster i köket men jag minns inte vilken stad. Språket har övergett mig liksom vårarna, men det gör absolut ingenting. En stad kan vara alla städer och dagarna lika aningslöst blanka.

NYA TIDEN (BARRIÄR)

När jag kommer in i lokalen har det plötsligt gått ett år, och ändå ingen tid. Det är en av platserna där tiden står stilla, där man varit ung i mönstrade tights och något äldre med svart mössa och nyförälskad och utspädd och uppvriden och ekiperad och neurotisk, där man ska bli ännu äldre men inte riktigt vet hur. Det är en av platserna i livet.

Regnet faller som alltid över torget jag så ofta skrivit om, navet i våra ganska usla liv, över ärgade kopparstatyer som för evigt försöker besvärja ett hopplöst västkustklimat med sina fruktlösa riter. Här inne är kaffet hett och rösterna varma. Jag ser en vän gå förbi men gör inget försök att vinka. Berättelserna på Cigarren har inte förändrats; de har fortskridit. En bakgrundskör som låter tankarna vila ifred. Kaffemaskinen visslar. Jag är tillbaka – och jag har saknat. Ett år flöt förbi, som om jag stängt ögonen och öppnat dem väldigt långsamt, blinkningen rymde ett annat liv.

En röst i mängden: *jag är född ungefär femhundra år försent för att bli en av världens mäktigaste män*

Det stillnar aldrig. Kaffet kallnar. Barnet äter inte sin gröt. Klockan är kvart över åtta och vi har inte bråttom; kanske ska vi bada skumbad innan det är dags för gårdsföreningens årliga planteringssammankomst. Jag försöker förbli den sårade lejoninnan som stryker genom världen, men sanningen – i slutet av helgen, i slutet av tiden – är att jag mest av allt går genom tillvaron med tamkattens lättja i lederna. Mina hudar lämpar sig bättre för domesticerande riter än rovdjursdrift. Ändå känner jag något vakna, som alltid vid lövsprickningen. Det är oron, det är rälsarna i mig, det är åratal av slarvigt packade väskor, det är grusvägsdamm och billigt vin i karaffer, det är utsikten över namnlösa berg, det är gårdarna strödda över kontinenten, tunga måltider i skuggan och vilan efteråt, bland katter och hundar, det är hönornas fallande själar, biljetternas oefterhärmliga skrynklighet i jeansshortsfickan, det är övertygelsen om att jag fortfarande bär resandet i mina fötter, att tygskostegen endast undantagsvis kan övertalas till att hålla sig i stillhet. Men jag resignerar; offrar mitt blod för att orka leva.

Våren har alltid varit helgad och min kropp orolig redan innan jag kunde beteckna tillståndet. Alltid skulle manchesterjackan slängas just så vårdslöst över axlarna, svart eller smaragdgrön, skosnörena nästan inte hinna knytas innan cykeln, vilken cykel som helst, forsade mot vårhimlens nyfunna toner.

Årets första glöd mot kinderna och en särpräglad avoghet gentemot vilka förprogrammerade konvulsioner som helst. Jag ville skapa mina egna. Sitta ensam vid E4:an och stirra på norrgående trafik, södergående trafik, resan bodde i mig redan innan jag kände dess väsen. Nu är det årliga offret nära men jag böjer mig inte för längtan. Ger mig inte av, ingenstans – inte ens in i mig själv, särskilt inte ut i någon annan. Jag ska vara med henne nu. En enda gång inte vara kvinnan som lämnar ett spår av stationsgolv bakom sig och försvinner. Samma gamla bilder. Man kan inte reproducera dem för alltid (varför inte det). I skogarna ropar en fågel att all tid finner sin väg fram till människan, men jag orkar inte lyssna på sådan allsmäktig sång. Allt jag vill ha är ett frö som aldrig slår rot, en vind som alltid blåser, att vara ett flytande rö som följer årstidens gång, att vakna med smutsigare knäskålar och vildare fötter, att än en gång än en gång än en gång ge mig av. Historien leker kull med evighetens konsekvenser och ristar en dom. Jag vet allting på förhand. Vad är ett avstånd värt?

Se här: jag ritar ett blekare offer, mäter mitt blod i sand. Här ska jag inte flyta fram. I år kommer gudarna inte åt mig. En vildsint lejoninna bakar en kaka, sätter en planta, tappar upp ett bad. Stryker yoghurtbeströdda hårslingor ur en sömndrucken ögonvrå och säger: för dig kunde jag stanna kvar. Och ännu är det sant.

Även när jag sviker ögonblicket och strör mina dyrköpta tårar över hamninloppet med på förhand överutnyttjad dramatik, när jag försöker återuppliva döda tygskosteg som borde fått fortsätta sova och köper kläder som inte längre passar att matcha med drycker jag inte längre tål, när jag fräser ut högmodiga svador under lågintensiva himlar och försöker krama en sista sång ut ur strupen, när jag snavar över saltstänkta trottoarkanter och sliter loss min själ för avlagda berggrunders skull, när jag landar i båtar om natten och vaknar med hela sommaren redan utsliten runt mina fötter, även då är det sant att snart ska vi vara hos varandra igen, hon och jag. Ännu är det så, och det är det enda som är evigt.

Ett blekare offer åt gudarna vi saknar: jag ger er allt, men ger er aldrig mer mitt allt.

du mäter ännu ut din plats i världen

du vill bli synlig

du är som jag

en kvinna som alltid är densamma

bara för alla andra

alltid annorlunda

inför

sig själv

femton år för evigt

och aldrig mera femton

ändå är siluetten densamma

och huvtröjan

du är en av alla människor

som lever i världen

detta är bara ännu en tid

ett helt liv ska du leva

med allt vad det innebär

du är en sån

som aldrig slutade

finnas

en sån

som fanns

som visste

hur det var

att finnas till

jag känner dig

du kommer ur min jordmån

då tillhör vi

samma familj

av oätliga växter

du är djuret

du är kroppen

du famlar

genom snåren

ändå går du rakare

än de flesta

din rygg är

glas och stenar

du är arkitekturen

i andetaget

du nyss byggde

kommen ur skogar

ingen längre känner

densamma för evigt

och i ständig förändring

det finns ingen motsättning i det

är du tonen i steget
eller steget i tonen
lilla människa, håll dig
inom rymderna dova
där du avgränsas, där nalkas universum

gör dina vader hängivna – doppa bläck ut i det blå
när timmarna blivit prismärkta
om du kan möta mig då, eller aldrig
i en tid bortom namnen,
ett svar utan sömn

vi ska andas som svårmodigt blommiga körsbärsträd,
ska vi leva
som trötta fjolårskastanjer

räck mig handen
jag tar den då, om du står
som en björk om våren,
en rinnande savig tingest just innan längtan övergår i:
desperation

det du önskar är inte detta: bristen på hud

det du önskar är inte detta: bristen på hud i brist på hud

det du önskar är inte: ett tomrum

det du vill ha är inte: avsaknaden av ord i brist på innehåll

det du önskar är inte: ingenting i brist på ingenting

det du vill höra är inte: ingenting

lägg hälarna i mina fötter då

det du vill ha är inte: du är för gammal för myten

vi är hela tiden

på tok för jävla unga för att förstå

att vi överlevt

oss själva

du kan ännu vara

vad fan du vill

så länge du

lyssnar

vinsterna är djupa hål

för alla att förloras i

kom ska jag älska dig

det du önskar: ska växa som ett skamgrepp

(ta min hand, slappt)

det du önskar är inte: älska mig älska mig glöm mig

det du vill ha är inte: avsaknaden av hud i brist på liv

timbarriärer av yrsel i brist på saknad

detta: ibland måste man glömma

för att våga komma ihåg

och detta: ibland är det första steget

fram till ordet

större

än ordet

i sig

jag säger:

att du

jag säger:

ANDRA SIDAN

i en småskalig evighet har jag nedmonterat omnipotensen

emedan jag sökte ett blekare väsen

på så vis kom jag att överge texten

men inte på det nödvändiga sättet

inte ett övergivande som leder till liv

bara i retroperspektiv skulle jag se

att jag alltid haft rätt

från den första dagen

från den sista

var ordet alltid mitt

banaliteten korsad med sig själv i vågor, att:

desperationen är syskon med Gud

jag vårdade mig själv, det andra människor kallar: levnad

det är inte samma sak som att dygnet runt söka texten,

det är att söka sig, som en människa,

det är att inte överge landet och kasta ut

nu har jag övergivit allt och därigenom utlämnats åt intet

varje övergivande måste vara större än det förra det första

ursprungliga övergivande som utmärker varje människa

priset måste alltid vara för högt, annars kostar det inget

det är enkelt att fastslå sådant som bestämts av Gud

nattens himmel: mörk som vatten
vattnets spegel: bara tiden, bara
den tid som måste rinna

nu går jag med en ny och hängiven målmedvetenhet in i
skrivandets kompakta förtvivlan
ett enda tillstånd
lov att
inte välja liv
lov att
alltid skriva, bara det

tro på texten,
mer än
religion (det är religion)
mer än allt
därför att
jag inget annat har än dessa tomma fjolårshänder

kan inte skriva med min hjärna, inte leva genom den
redan utkarvad i universum
kan bara gå
dit jag befunnit mig sedan
tiden före
början

textens väg känner hjärtats innanmäte, den enda som vet

MAJ

det finns sju sorters tystnad
men bara ett mått på tid
ändå är jag en av alla människor
som ropar sömnen hem för natten, som vakar och hoppas
bli vid liv

jag är en av dem som ropar,
tysta böner ut i natten
en av dem som vägrar tro
att alla dessa ord är gjorda av vatten

namn som aldrig ska höras
toner aldrig ta ton
jag är en av dem som sjunger
också en av dem som tystnar, när jag går över bron

i led av tusen fartyg
är jag det enda som aldrig når hamn
vad ska jag säga
jag var en av alla människor, som sökte en famn

kan inte hjälpa att jag föddes
långt ut på barndomens svarta hav
om jag ska glömmas nu
vill jag glömmas
för allt jag inte var

om jag ska gå förlorad
vill jag mistas i natten
det enda hem jag haft
är detta svarta vatten

snälla lämna mig inte ensam
på en plats jag sett förut
jag orkar inte längta mer
jag måste hitta ut

ur den felvridna natt som blivit mig given
det stod skrivet i sanden
att inget ska vara mig givet
jag var bara ett barn
medan jag växte upp
jag var aldrig självklar
en växtdel, en trupp

av annalkande somrar
som aldrig blev av
ett namn skrevs i sanden
det var aldrig jag

har vandrat på gator
där ingen borde gått fram
för varje ny avgrund
har jag samlat in namn

att frakta som vågor
mot ett djupare hav
har jag lastat ett fartyg
men aldrig givit mig av

jag skulle förlåta
om sanden blev stum
men det enda namn jag väntar
belastar min mun

jag ber om ett ord
en gest eller ett minne
en vinkning i natten
ett andetag per timme

är beredd att ge upp allt
om framtiden blir av
sitter vilsen i natten
precis som mitt jag

och vem ska jag vara
om jag inte är här
det är farligt att besvara
brev som inte är

det finns nätter som varar
och sådana som aldrig blir av

alla brev jag besvarar:
sand som inte finns kvar

jag har längtat och väntat
men låt det gå
jag är stöpt i en form
ingen står ut med ändå

jag är utled och ledsen
mörbultad och svag
min strid måste vara min egen
men mitt jag blir aldrig jag

du är bortom min räckvidd
jag karvar ett svar
av lera på botten
där vi nyss stod

men inte står kvar

(får inte bli girig
försöka ta mer liv
än som blivit mig givet
det vore att
leva i gudomligt ljus
och sedan försaka det)

har det här sättet (det är allt jag har)

att låta livet gå genom mig

som en konstituerande vana

jag har den här vanan

det sista jag har kvar

att följa livets gång

slaviskt underkastad skeenden

bära dess konsekvenser

nya stenar runt samma armar

hela vägen hem

tills jag vaknar

vaknade och fann mig ännu leva

omgärdad

av evighetens klara

vita låga

ett enda liv kan jag tänka nu

där det inte hjälper att fråga

om vägen fram

för ingen i världen förstår vart jag ska

men i evigheten är mitt namn känt sedan länge

ett enda liv har jag lärt mig nu

att bära

min dotters plåga

som stenar runt mina armar

ett enda liv att gå förlorad i

tills hon, eller jag

vaknar

dricker en parafras av evigheten
för att undfly
slippa veta
det jag alltid
saknat
dricker för att slippa bli
till mig
till människa

det sista jag vill höra
är att jag är galen
när jag vet
jag är allt annat
aldrig burit vetskapen lika självklart
nu har jag åter trätt in
i faderns upplysta boning
burit den vetskap jag älskat att undvika
sedan jag följde landsvägen bort
med barnsben
livet har gått som en konstituerande frånvaro i mig
tills allt plötsligt
byttes
i närvaro
när jag vågar tro
att stigar
är vägar
som leder till vatten

vaknade omgärdad
av minnet
av natten
den tid som föll
medan vi låg vikta runt varandra
som minnen
all tid jag har
är denna sista förlorade timme
innan allt åter blir till dag

det var alltid vår
vinter
varje årstid
har gått genom mig
för att återbörda mig till
en plats jag aldrig sett förut
det andra skulle kalla för: ett hem

är det då banalt att tänka
redan – sedan
livets tafatthet tillhör
det oundvikliga
är inte särskilt märkligt
när det väl sker
allt som varit omöjligt
fram till stunden
när allt inföll

kartan ny men livet gammalt

landskapet ännu täckt av barndomens mörka skog

mörka hav
mörka gräns
mörka ljus som lägger sig i lager
över tillvaron

i ansiktet
kan bara säga sådant jag vet
endast veta det som utmärkts
av svarta vägar över vatten
gå blind mot en större vetskap
utvidga detta land
nya överfarter
mellan årstider
hav och land

det är alltid samma väder
det är aldrig samma väder överallt

det är genom fönster
som ljuset tar sig in
ljuset ska färdas
över alla vatten
som färdats genom regn

varför faller ett omöjligt hagel
genom vår tid
jag älskar människor utan botten
det gränslösa enda begripliga

det här är en ödslig tid
den är kal och stor och tung
överallt är den
full av risker

människor med fallenhet för
nattaktiviteter
måste vårda sina krukväxter väl
ankra sig vid kaffets koppar
som vilsna farkoster
i hamn

alltid redo att åter segla
ut på djupa svarta vatten
en natts vila
är det enda vi har
att fästa hoppet vid nu
kastade i ovetskapens fullkomliga vetskap igen
fastän det varit omöjligt

är jag troende
fastän jag varit död

den apokalyptiska årstiden fortskrider
vilket underbart liv
vilken underbar död
vilken underbar stad
att försaka

dig vill jag aldrig förlora

människor med fallenhet för evigheten
förlorar inte tiden nu

den rinner inte längre genom sand
den rinner genom oss
vi rinner mot varandra nu

dig ska jag aldrig mer sakna

detta tomma ord jag ropat ut mot natten: du
var är du
vem är mitt du

nu är du hos mig
jag lägger ansiktet hos dig

du ser mig vakna
ur en evig sömn
ruska liv i evigheten
gå ut i detta ljus

mitt fönster

har tappat bort vinden

jag väntar här

jag vakar

det är för kallt för alla årstider

det är för långt mellan människorna

språket en omöjlig skog

att vandra in i

att vandra ut ur

men förr eller senare

på andra sidan döden

tar ensamheten slut

som en galen människa har jag skrivit,

bara galna människor

förväxlar sina namn

med natten

var inte rädd för mörkret

stig sedan ut i ljus

och allt ska vara evigt

och allt ska vara dig

på förhand givet

när livet äntligen sker